政治学入門

内田 満

Uchida Mitsuru

はしがき

「政治は論争だ」といわれます。また、ウィンストン・チャーチル（一八七四―一九六五）は、「議会の目的は、なぐりあいを議論にかえることである」と述べましたが、議論にも論争はつきものです。そして、論争では、とにかく勝ち負けの決着をつけなければなりません。問題は、そのおりに相手を言い負かすために、とかく詭弁、詐弁がまかり通り、その場かぎりの言辞が横行することです。実際に、数年の時をまたいで、同じ政治家がまったく正反対の立場に立って、前と同じ「熱心さ」で議論を展開することも、まれではありません。現に、ひところは、党議拘束は、議会制デモクラシーにふさわしくないとして、党議拘束の緩和が盛んに論じられたものでしたが、最近では、政党政治に党議拘束は当然といった議論が、大勢を支配しているかにみえます。

有権者が、このような論争のうずに巻き込まれていたずらに右往左往していては、民主政治は、砂上の楼閣になってしまうでしょう。この中で、有権者にとって不可欠なのは、詭弁、詐弁を見抜き、事の理非をただす判断力です。本書が試みているのは、そのような判断力の基礎となり、民主政治のあり方、今日の課題、行方などについて原点に立ち返って考える場合の手掛かりとなる手立てを提供することにほかなりません。

本書には、随所に先人たちの名言、警句、箴言が織り込まれていますが、それは、これらの政治の目利きたちの言葉が、われわれが政治について考えるときに、絶好の道しるべとして役立つからです。先哲やすぐれた政治家たちが残した名句、箴言は、汲んでも汲んでも尽きない英知の泉です。

本書は、茶の間で新聞を読み、テレビのニュース番組をみながらふと生じた疑問について家族同士で考える際の論点整理のお役に立つことを一つの目的としています。「です、ます」調で書かれているのはそのためですし、また著者自身もその談論の輪の中に加えていただきたいからでもあります。「政治は論争」ですから、著者の考え方に賛成しかねる場合もあるでしょう。あるいは、そういった場合が、次から次へと出てくるかもしれません。しかし、それは、むしろ著者の望むところです。意見の違いに向き合うとき、民主政治についての理解が一段と深まることは、まちがいありません。

江戸末期の儒学者・佐藤一斎（一七七二—一八五九）が、『言志耋録』（一八五三年）に書き記している「意見などが同じ者とつきあうのはいいが、あまり益するところはない。意見などが違う人とつきあうのもいい。この場合、益するところが少なくない」といった大意の箴言は、肯綮に当たっているというべきでしょう。一斎は、さらにこう付言しています。

「『他山の石、以《もっ》て玉を磨《みが》く可し』とは、即ち是《こ》れなり」

本書の執筆を強く慫慂し、逡巡する著者を「闘技場」へ押し出したのは、早稲田大学政治経済学部在学中から現在に至るまで、私の「仕事」に対する「ウォッチドッグ」役を買ってでて下さっている、イギリス議会研究家で政治評論家の三好陽氏です。著者は、三好氏を第一の読者として思い描きながら、本書を書き進めました。

三好氏の仲立ちで、予想外の雑務の山に埋もれて、遅れ遅れになった原稿を辛抱強く、おりおりにそっと労りの声をかけながら待って下さったのは、東信堂社長・下田勝司氏です。ありがとうございました。

二〇〇六年二月

内田　満

政治学入門／目次

はしがき　(i)
プロローグ──茶の間をデモクラシーのフォーラムに　3
I　政治学とデモクラシー　7
1　人間は政治をする動物　7
2　新しい世界に新しい政治学を　16
3　だれのための政治学か　22
II　デモクラシーの今──三つの特徴　27
1　デモクラシーの大衆化・大規模化　27
2　都市化の中のデモクラシー　33
3　政治の積極化とデモクラシー　39
III　デモクラシーのゼンマイとしての選挙　45
1　デモクラシーと代表制　45
2　一人一区制と比例代表制　49
3　現実の中の選挙制度　55

4 投票参加と不参加の間 62
5 選挙過程の中の有権者 72
IV 現代デモクラシーの生命線としての政党 75
1 政党観・昔と今 75
2 政党現象のお国ぶり 81
3 「政党とは何か」「政党の役割は何か」 88
4 政党制のパターン 96
5 日本の政党政治の課題 103
V 「討論の大舞台」「民衆教育と政治的論争の大機関」としての議会 109
1 議員・政党・議会 109
2 三権分離主義と国会の地位 111
3 国会の機能 119
4 議会の構成 127
5 国会改革への課題 140
VI 政府は、人間の欲求に対応するための人間の知恵の発明 147
1 天使でない人間の必要な道具としての政府 147

2　内閣と首相　150
3　人はパンのみにて生くるものにあらず　158
4　第二段階の積極政治　166
5　大型船乗組員としての公務員　173

VII　民主政治の新しい夜明けへ向けて　181
1　人口減少・高齢社会のデモクラシー　181
2　政治家に求められる五つの資質　184
3　英知に富んだ民主政治観が政治家の不可欠の基礎要件　186
4　操作の対象から自立した目利きの有権者へ　191

人名索引　196

政治学入門

プロローグ——茶の間をデモクラシーのフォーラムに

堀田善衛の小説『若き日の詩人たちの肖像』(新潮社、一九六八年)をお読みになったことがあるでしょうか。一九一八年生まれの堀田が、ちょうど五〇歳のおりに出した自伝的作品です。物語は、主人公が、東京のある大学の法学部政治学科予科の入学試験を受けるために、北陸の金沢から上京してくるところから始まります。一九三六年二月末のことです。

主人公は、難なく入学を許可されるのですが、政治学科でどういった種類の教育がなされるのかをよく理解していたわけではありません。「政治学科というものは、要するに漠然としたものであろうし、あの七面倒くさいものらしい法律を、やかましく教えはしないだろう」といった「見当違いもはなはだしい見当があるばかり」だったのです。ところが、実際の政治学科での講義は、主人公にとっておよそ無味乾燥で、自らの見当違いを否応なしに実感させられるたぐいのものでした。そして、教室への足は遠のくばかりになり、結局、主人公は、文学部の仏文科へ転科してしまいます。

この主人公の時代から七〇年を経た現在では、大学案内情報がふんだんに提供されるようになっていますので、政治学や政治学科がどんなものかについて、入学志願者の大半は、この主人公よりずっと的確な情報に接しているにちがいありません。もっとも、それがかえって政治学や政治学科への不満足感を助長することもないとはいえないでしょうが。「PR情報」と「現実」との間の落差は避けがたいからです。また、政治学は、七〇年前の政治学とは、まったく様変わりしています。今の政治学は、かつての政治学とくらべて、ずっと身近で現実的な学問になっています。それでも、政治学関係の講義で、議論がとかくタテマエ論を事としたり、「犬の遠吠」のような政治批判論に終始するといったことも、ありえないことではありません。それが、学生諸君に政治学と距離をおかせることになっていることも、ありうるでしょう。

他方で、次の章で立ち入って触れますが、政治は、人間相互の間での「対立」を前提としていますから、政治についての議論から腰を引いてしまう人があっても、不思議ではありません。国際的な読者を対象にして発行されている新聞で、わが国では『朝日新聞』と提携して出されているのが『インタナショナル・ヘラルド・トリビューン』紙ですが、この新聞の呼び物に「アニーの郵便受け」という人生相談欄があります。ちょっと前のことですが、この欄にこんな相談が寄せられました。

「夫とテレビで政治ニュースをみていると、いつも言い争いになってしまいます。私は、ここ数ヶ月間自分の感情や意見を表に出さず、夫のいうことにすべて同意するふりをしています。それは、夫を幸福にしていますが、私はあまり楽しくありません。私は偽善者のような気持です。私は、このことで結婚生活を台無しにしたくありません。どうしたらいいでしょうか。」

回答者のキャシー・ミッチェルとマーシー・シュガーの解答は、こうでした。

「多くの夫婦が、政治の話をすると、喧嘩になってしまいます。もし、結婚生活が他の点ではうまくいっているのでしたら、政治の話題を避けるのがいいでしょう。あなたは、平和を保つために夫の意見に同調する必要はありません。はっきりと議論をことわりなさい。夫に好きなだけ話させなさい。あなたは、ただやさしく微笑みなさい。もし、夫が無理に意見を押し付けてきたら、こうお答えなさい。私たちの意見が同じでないことは、あなたもご存知でしょう。でも、私は争いたくはありません。ここはアメリカです。私たちには、それぞれ自分の意見をもつ権利があります。ですから、私はあなたの意見を尊重します。」（『インタナショナル・ヘラルド・トリビューン』二〇〇二年八月二四―二五日）

まことにもっともですが、これでは茶の間の会話が成り立ちませんし、デモクラシーの生活様式はうっとうしいということになりかねません。本書が伝えたいメッセージは、政治を語り合うことは、人生を語り合うこと、デモクラシーを考えることは、生き方を考えること、ということです。とにかく、政治は人間についてまわりますし、それを議論の対象にする政治学が、無味乾燥であるはずがありません。本書のねらいは、こういった視座から、読者といっしょに政治について、デモクラシーについての会話を進めていくことです。そして、会話の進め方について、ここで、四〇〇年前のイギリス人の思想家フランシス・ベーコンの箴言に耳を貸しましょう。

「たくさんの問いを発する人は、たくさんのことを学ぶことになろう。しかし、とくにそうなのは、相手の得意の分野に問いを向けるときである。というのは、そのとき相手に会話を楽しむ機会を与えることになり、自分も、間断なしに知識をうることになるからである。」(『ベーコン随想録』一五九七―一六二五年)

ここでの会話が糸口になって、茶の間が爽やかな談論風発のデモクラシーのフォーラムになることを願っています。

I　政治学とデモクラシー

1　人間は政治をする動物

十人十色といいます。人間は、お互いにみんな考え方が違い、なかなか利害が一致しません。どんなに固い永遠の愛を誓い合った新婚の二人でも、日常生活の中で意見の違いをおさえ続けることは至難のことでしょう。それどころか、海外へ新婚旅行に出かけて、帰国時にもう別れ別れに成田空港を後にするといういわゆる成田離婚のケースも、けっして珍しくはないようです。

詩人の吉野弘が、結婚式での新婚のカプルに寄せた「祝婚歌」の中で、「二人が睦まじくいるためには愚かでいるほうがいい　立派すぎないほうがいい　立派すぎることは　長持ちしないことだと気付いているほうがいい……互いに非難することがあっても、非難できる資格が自分にあったかどうかあとで　疑わしくなるほうがいい　正しいことを言うときは　少しひかえめにするほうがいい」（吉野弘『二人が睦まじくいるためには』童話屋、二〇〇三年）と諭《さと》したゆえんです。

そして、この詩が結婚披露宴での来賓祝辞などで引用されるとき、新婚の二人より、むしろ列席の年配の祝い客たちの強い共感を呼ぶことになるのは、これらの祝い客たちが、経てきた人生の哀歓に思いを馳せ、「結婚は妥協（Marriage is compromise.）」の思いをしみじみと感じるからでしょう。

表Ⅰ-1　結婚と離婚：日本とアメリカ（1000件）

年　次	日　本		アメリカ	
	婚姻件数	離婚件数	婚姻件数	離婚件数
1970年	1.029	96	2,159	708
1975年	942	119	2,153	1,036
1980年	775	142	2,390	1,189
1985年	736	167	2,413	1,190
1990年	722	158	2,443	1,182
1995年	792	199	2,336	1,169
2000年	798	264	2,329	NA
2001年	800	286	2,327	NA
2002年	757	290		
2003年	737	286		

ところで、結婚生活であれば、二人の間の意見の違いにどうしても折り合いがつかない場合、成田離婚のように離婚によって問題を解決することができます。実際に、離婚のケースは、けっして少なくありません。最近のアメリカですと、毎年二四〇万組前後が結婚して、一一〇万組前後が離婚していますし、日本でも、このところ毎年七〇万組余りが結婚して、三〇万組近くが離婚しています。そして注目されるのは、ここ二〇年ほどの間に、アメリカの場合、離婚者数は横ばいですが、日本では、離婚がかなり顕著に増加傾向をたどっていることです（**表Ⅰ-1**参照）。この結果、日本では、一五歳以上の人口中、男性の場合、一九七〇年に〇・八%であった離別者の比率が、二〇〇〇年には二・七%に達し、女性の場合には、同じ三〇年間に、この比率が、二・一%から四・四%

へと上昇しました。

ちなみに、二〇〇〇年に二〇歳以上の人口中の離別者数は、男性が一四二万人、女性が二四三万人でしたが、これは、この年の日本の有権者の中で、それぞれ二・九％、四・七％でした。一九八〇年には、二〇歳以上の人口中で、男性の五四万人、女性の一一五万人が離別者で、有権者中のそれぞれ一・四％、二・八％でしたから、この二〇年間に、日本の有権者中の離別者の比率は、およそ倍になったことになります。

とにかく、こんなわけで、結婚生活での対立葛藤は、離婚という形で解決が可能ですし、また実際に多くの夫婦が、そういった解決策をとってきました。しかし、国の政治との関係ということになりますと、そうはいきません。

アリストテレスは、『政治学』の中で、「社会を作ることができない者か、完全に自足しているので社会を必要としない者は、野獣か神であって、都市国家の一員にはならない。そこで、すべての人間には、このように相互に結合する自然の誘因が内在している」のであり、人間は、生来「政治的動物」であると論じました。また、アメリカの建国期のリーダーの一人で、一八〇九年から一七年まで第四代大統領をつとめたジェームズ・マディソンは、一七八八年二月八日に『ニューヨーク・パケット』紙に寄せた論文（アレグザンダー・ハミルトンが筆者だという説もある）で、「もし、人間が天使であれば、政府は必要がなくなろう」と説きました。もちろん、人間は、野獣でも天使でもなく、野獣と天使の間の存在です。アリストテレスやマディソンの議論の含意が、人間は国や政府を離れて生きていくことができないというところにあったことは、改めて指摘するまでもないでしょう。

他方で、アメリカの政治家で、一九五三年から八三年まで三〇年間にわたって上院議員をつとめたヘンリー・M・ジャクソンは、「一番いい政治は、政治がない状態だ」という警句を残しました。しかし、このような無政治（no politics）の状態は、人間の世界ではありえない絵空事《えそらごと》のたぐいというべきでしょう。政治がない状態で生活が事もなく進行していくのは、神の国か天使の国だけだからです。また、あるアメリカの政治学者は、人間同士の絶え間のない争いの現実に眼を向けて、「政治は、数多くの人間同士の争いや喧嘩とかかわっています。しかし、それは、政治の始まりであって、政治がそれで終わるわけではありません、複数の人間が社会生活を営んでいくためには、お互いの間にかならず生じてくるいさかい、意見の相違、利害の対立などを解決しなければなりません。

そのような利害の対立を調整し、解決するための手段として作られるのが、法律にほかなりません。たとえば、道路交通法には、「道路を通行する歩行者又は車両等は、信号機の表示する信号または警察官等の手信号等に従わなければならない」（第七条）、「車両等は、踏切を通過しようとする場合において、踏切の遮断機が閉じようとし、若しくは閉じている間又は踏切の警報機が警報している間は、当該踏切に入ってはならない」（第三三条②）と定められています。実際問題として、最近の日本では、これらの定めに違反した行為の結果としての道路交通事故が、毎年九〇万件前後発生し、一万人前後が死亡、一〇〇万人前後が負傷しています（**表I－2**参照）。

結局、社会生活を円滑に進行させ、自らの安全を確保するためには、そこで生活している人々の間での相互の意見の対立や利害の衝突を調整し、解決策を練り、解決策を決定し、それを実施するといった活動がなければなりません、これが政治です。そして、この政治を研究の対象とするのが、政治学にほかなりません。このような点を考え合わせると、二〇世紀の政治学者を代表する一人であるデイヴィッド・イーストン（一九一七〜）の次のような「政治学」定義は、納得がいくでしょう。

「政治学は、社会のために拘束的な、あるいは権威のある決定をおこない、それを実施することに多少なりとも直接的な関係をもつ、あらゆる過程ならびに制度についての体系的な研究である。」

そして、イーストンが政治学が取り組む課題について、より具体的に次のように説明していることころから、「政治学」のイメージをいっそう明確にとらえることができるでしょう。

表I－2　日本の道路交通事故

年次	事故件数	死亡者数	負傷者数
1975年	472,938	10,792	622,467
1980年	476,677	8,760	598,719
1985年	552,788	9,261	681,346
1990年	643,097	11,227	790,295
1995年	761,789	10,679	922,677
2000年	931,934	9,066	1,155,697
2001年	947,169	8,747	1,180,955
2002年	936,721	8,326	1,167,855

出所：総務省統計研修所編『日本の統計』（2004年版）日本統計協会、2004年

「ごく一般的にいえば、政治学は、次のような問いに取り組む。拘束的な決定や政策を形成し、実施するに当たって、地方レベル、全国レベル、国際レベルの政治で、だれが、一番大きい影響力を行使するか、これらの政策は、どのようにして実施されるか、社会に対するそれらの政策の影響は、何か。」

このイーストンの定義は、一九五九年に『ブリタニカ百科事典』のために執筆された項目「政治学」の中でなされているものですが、その一〇年後の一九六九年に当時のアメリカの代表的政治学者であったロバート・レイン(一九一七— イェール大学)、ハインツ・ユーラウ(一九一五— スタンフォード大学)、オースティン・ラニイ(一九二〇— ウィスコンシン大学)らは、行動科学・社会科学調査委員会の政治学部会の報告書として共同執筆した『政治学』のなかで、次のような簡潔な「政治学」定義を提示しました。

「政治学は、ごく簡単にいえば、社会がその資源を分配し、共同生活を規制する決定にかかわるものである。」

なお、レインらは、この定義の中の「社会」の意味について、「単に国民国家とかその部分とかのような地域的単位だけを意味するのではなくて、教会、会社、友愛団体、あるいは万国郵便連合のような国際機関」をも含めると補足説明し、さらにこう付言しています。

「こういった見方に立つと、ボーイスカウトの隊や家族なども、政治社会とみなされよう。」

ところで、当時シカゴ大学教授であったイーストンは、一九六八年にアメリカ政治学会会長に就任しましたが、レイン、ユーラウ、ラニイも、一九七〇年、七一年、七四年に相次いで会長に就任しました。この事実から端的にうかがえるのは、これらの政治学者たちが二〇世紀中期のアメリカ政治学界で占めていた指導的な地位であり、これらの「政治学」定義は、当時のアメリカの政治学者の間での広範囲な合意を背景にした政治学観を反映していたとみていいでしょう。

ただ気になるのは、この定義に政治の目的についての言及が欠けていることです。政治の究極の目的は、社会生活の持続にほかなりません。婚姻関係が危機に直面するとき、さまざまな調整を試み、その危機を乗り越え、婚姻関係の継続をはかるのが政治です。そして、離婚は、政治の失敗であり、政治の終わりを意味するでしょう。この点に眼を向け、イーストンの定義とレインらの定義とを調整して、政治学の定義をしなおすと、こうなります。

「社会の存続を目的とする、その社会内および社会相互間のあつれきの調整・解決ならびに社会の運営に多少なりとも関係をもつ過程および制度に関する体系的研究」

ところで、政治学の教科書などを読みくらべると、政治学の定義が、多様区々であることに驚かされるかもしれません。実際に、政治学の定義は、政治学者の数と同じくらいあるとさえいわれます。たとえば、さきほどのイーストンの定義とレインらの定義のちょうど中間の時期の一九六五年に出した『政治学』のなかで、ミネソタ大学のフランク・J・ソーラウフ（一九二八―）は、「政治行動、政治過程および政治制度についての研究」という単刀直入的な定義を示していますが、一九六三年にアメリカ政治学会会員を対象にしておこなわれたアメリカ政治学調査で、当時のもっともすぐれた政治学者の一人として位置づけられたハロルド・D・ラズウェル（一九〇二―七八）は、三四歳であった一九三六年に出した二〇世紀政治学の道標的著作『政治』の冒頭のところで、「政治学は、影響力と影響力をもつ人々についての研究である」ということに簡潔で個性的な定義を掲げました。そして、新しい政治学の課題を明示するものとして知られるのが、この本の副題「誰が、何を、いつ、どのようにして獲得するか」にほかなりません。

また、一九七〇年代に入って急速な展開をみせた公共政策論の開拓者の一人として知られるトマス・R・ダイ（一九三五―）は、『公共政策を理解する』（一九七二年初版、二〇〇二年一〇版）で、ラズウェルの名句を借りて、政治学をこう定義しています。「政治学は、政治の研究、つまり誰が、何を、いつ、どのようにして獲得するかの研究である。」

このような定義の違いは、それぞれの政治学者の研究の重心の違いを反映しているところが少なくありません。ダイは、この点に関連して、「政治学は、政治制度研究にとどまらない。伝統的政治学は、主として政治の哲学的正当化とともに、これらの制度的配置に焦点を合わせている。政治学は、政治過程――つまり選挙運動と選挙、投票、ロビイング、立法行動および司法行動――の研究にとどまらない。現代行動科学的政治学は、主としてこういった過程に焦点を合わせている」と指摘し、さらに政策研究に注意を喚起してこう述べています。「政治学はまた、公共政策の研究――政府の活動の原因と結果についての叙述と説明である。」

ところで、時間の幅を一九世紀末から二〇世紀初頭にまで広げますと、「政治学」定義は、さらに大きく異なります。

一九世紀の政治学者を代表する一人として上げられるのは、スイス生まれで、ドイツに帰化し、ミュンヘン大学やハイデルベルク大学の教授をつとめたヨハン・K・ブルンチュリー(一八〇八–八一)ですが、このブルンチュリーは、一八七五年に出した『現代国家学』の中で、政治学をこう定義しています。

「政治学とは、厳密な意味において、国家に関する科学であり、国家の根本的条件、国家の本質、国家のさまざまな表現形態および国家の発達を理解しようとする科学である。」

また、二〇世紀初頭期のアメリカの政治学界で指導的な役割を演じ、一九二三年から二四年にかけてアメリカ政治学会会長をつとめたジェームズ・W・ガーナー（一八七一–一九三八）は、一九一〇年に著した『政治学入門』で、ブルンチュリーと重なる立場に立って、政治学の根本問題は、①社会の共通の目的の実現や国家生活の根本的原則の策定のための最高の政治的機関としての国家の本質の究明、②政治制度の本質、歴史、形態の研究、③それらからできるかぎり政治的発展の法則をひきだすことにあると論じました。

さらに、東京大学で一九〇一年に日本人としての最初の政治学担当の教授に就任した小野塚喜平次(一八七一–一九四四)は、ガーナーと同年の生まれですが、一九〇三年に出版した『政治学大綱』において、政治学をこう定義しています。「政治学ハ一方ニハ国家現象ノ事実的説明ヲナシ　他方ニハ国家政策ノ基礎ヲ論スルカ故ニ　国家アル所政治学マタ追随スト言フテ可ナリ」

ガーナーは、さきほどの政治学定義の直前の箇所で「政治学は、国家をもって始まり、国家をもって終わる」という有名なことばを述べていますが、ブルンチュリー、ガーナー、小野塚に共通するのは、政治学の研究の主対象に国家をおいていることです。これに対して、ラズウェル、イーストンらの二〇世紀の中・後期を代表する政治学者の政治学定義には、「国家」ということばは見当たりません。政治学の定義におけるこのような大きな違いは、どうして起こったのでしょうか、ここで目を向けるべきは、政治学観の変化が、デモクラシーの変貌や政治学の役割の変化と連動しているところが少なくないということです。

2　新しい世界に新しい政治学を

一九世紀フランスの政治家・歴史家であったアレクシス・ド・トクヴィル（一八〇五—五九）が、アメリカ・デモクラシー論の古典として知られる『アメリカの民主政治』（一八三五、四〇年）で、「新しい世界には、新しい政治学が必要だ」と述べていることは有名です。それから九〇年後に『政治学原理』（一九二五年、一般には『政治学大綱』『政治学範典』などと訳されている）を出したイギリスの政治学者ハロルド・J・ラスキ（一八九三―一九五〇）は、おそらくこのトクヴィルのことばを意識して、それに対して挑戦的なスタンスで、第一章を「新しい世界にとっては、新しい政治哲学が必要である」（傍点筆者）と書き出しました。トクヴィルが、新しい世界の発展に対応すべき新しい政治学の発展の必要性に注意を喚起したのは、政府を「時間と空間に適合」させ、「人間と時の条件に応じて改革」するためでしたが、とにかく、社会のありようが大きく変化すれば、政治学であれ、政治哲学であれ、それまでの見方・考え方が社会の現実とのずれを拡大し、時代にあわなくなってくるのは、不可避のことでしょう。

実際問題として、政治や政治学が相対《あいたい》すべき社会的条件は、時代とともに大きく変わってきました。そのような変動の時代の典型的な例は、一九世紀末から二〇世紀はじめにかけての時期です。Ⅱ章で詳しくみるように、多くの先進民主国が人口増、都市化・工業化、選挙権の拡張、政治の積極化などの社会的・政治的変化の大波にさらされたのは、まさしくこの時代においてでした。ロンドン・スクール（一八九五年創立）の初代の政治学教授であったグレイアム・ウォーラス（一八五八―一九三二）は、一九一四年に著した『大社会』の書き出しで、当時の社会の変化の様《さま》をこう書き出しています。

「過去一〇〇年の間に、文明生活の外的条件は、物理的エネルギーの創造、人間や財の輸送、文章や高等の言語によるコミュニケーションなどへの旧来の限界を取り払ってきた一連の発明によって、変えられてきた。この変革の一つの効果は、社会のスケールの一般的変化である。人間は、世界的な広がりの点や、人間の生存のあらゆる側面との密接な関係といった点で、世界史上前例のない環境との関連の中で働き、考え、感じているのである。」

このウォーラスとほぼ同世代なのが、一九一三年に第二八代アメリカ大統領に就任したウッドロー・ウィルソン（一八五六―一九二四）です。ウィルソンは、ニュージャージー州知事（一九一一―一三）を経て大統領になったのですが、それ以前にはプリンストン大学教授、総長をつとめ、また第六代アメリカ政治学会会長（一九〇九―一〇）にも任じられた指導的政治学者でした。そして、大統領就任直後に公刊された『新しい自由』（一九一三年）で、ウィルソンは、基本的にはウォーラスと重なる視点に立って、二〇世紀初頭期の社会の変化について、こう書いています。ちなみに、ウォーラスは、『大社会』の第一章冒頭にこのウィルソンのことばを掲げていますが、ここからうかがわれるのは、ウィルソンの視点へのウォーラスの共鳴にほかならないでしょう。

「昨日には、そして歴史が始まってこのかた、人間は、相互に個人として結びついていた。たしかに、家族があり、教会があり、国家があった。これらは、人間をある限られた関係の環の中に結びつける制度であった。しかし、通常の生活の関心事、通常の仕事、日々の生活において、人々は、自由に、直接的に相互に関係をもっていた。今日では、人々の毎日の関係は、概していちじるしく非個人的な関心事、組織とのものであって、他の個々の人々とのものではない。いまや、これは、新しい社会時代、新しい人間関係の時代、人生ドラマの新しい舞台装置といっていい。」

そして、ウィルソンは、このような社会変化によってひき起こされた制度と現実とのずれについて、さらにこう指摘しています。

「この新しい時代に、われわれは、たとえば、雇用者と被雇用者の関係に関するわが国の法律が、多くの点でまったく古臭くなり、現実離れしているのに気付くのである。これらの法律は、いまとは別の時代のために作られたのである。その時代を、いま生きている人々は、だれも記憶していないし、実際、その時代は、われわれの生活からあまりに遠くはなれているので、もし、われわれに対して説明されたとしても、われわれの中の多くのものにとっては、理解が難しかろう。」

ウォーラスが、『大社会』の六年前に公にした『政治における人間性』（一九〇八年）という著作で、当時ほとんどすべての政治学者が「制度の分析」を事としていると批判し、政治行動の心理的側面に光をあて、「人間の分析」を軸とする新しい政治学を提起したのは、このような制度と現実のずれを是正し、新しい世界に政治学を対応させるためでした。この新しい世界に大量に登場してきた「有権者」に目を向けることなしには、政治学の有意性は保ちがたいとウォーラスは考えたのです。

一九〇八年には、政治学の発達史上注目すべきもう一冊の本が出版されました。アメリカの政治学者アーサー・F・ベントレー（一八七〇―一九五七）の『政治の過程』です。ベントレーが注意を喚起したのは、先ほどのウィルソンの観察の中にもありましたが、当時の社会変化を特徴づけた集団の台頭の政治的含意でした。ベントレーは、「どのような形式の社会生活についてであれ、その研究における重要な仕事は、これらの集団の分析である。集団が十分に解明されれば、すべてのことが解明される。

私がすべてのことというとき、私は、掛け値なしにすべてのことといっているのである」と論じ、さらに旧来の政治学を「政治制度のもっとも外面的な特徴についての形式的研究」にすぎないと批判し、それに対して「死んだ政治学（dead political science）」というきびしい評価を下したのでした。

一九〇八年に相次いで出版されたウォーラスとベントレーの著作は、今日、二〇世紀政治学の道標的著作として位置づけられていますが、それは、これらの著作が、当時の新しい世界の展開に積極的に対応し、この新しい世界の政治を読み解く「新しい政治学」を提起したからにほかなりません。いいかえれば、政治学は、時代との対話として発展してきたのです。この対話を通じてこそ、ウォーラスとベントレーは、新しい世界に適切に見合った政治学観への転換の必要を説き、二〇世紀の政治学の発展への転轍手の役割を演じたのでした。

もっとも、ウォーラスやベントレーの政治学観が、同時代の政治学者たちによってすんなりと受け入れられたわけではありません。『政治における人間性』の中でウォーラスが紹介しているつぎのエピソードは、ウォーラスに向けられたイギリスの政治学者たちの冷たい視線を端的にうかがわせます。

「一九〇七年から翌年にかけての冬に、私は、たまたま別々の機会に、二人の若いオックスフォードの学生と政治学の研究方法について話し合ったことがあった。どちらの場合にも、私は、心理学の本を少し読んでみたらどうかと助言した。二人の学生が後日、それぞれ私に報告してきたところによると、自分たちのチューターに相談したところ、チューターは、かれらに心理学は無用で、無意味であるといい、しかも知的に非凡な才能の持ち主であった一人のチューターは、心理学は、「科学でも哲学でもない」という奇妙に学者ぶった理由を付け加えたということである。」

また、ベントレーの著作は、当時のアメリカの有力な政治学者の一人で、前節で名前を挙げたジェームズ・W・ガーナーが、アメリカ政治学会の学会誌『アメリカ政治学評論』に寄せた書評で、「全体としては、たしかに社会制度の研究者の興味をひくであろうが、同書の数章にざっと目を通してみて、同書が政治学の文献に対する貢献としての価値をもっているという印象はうけない」という酷評の餌食になってしまいました。『政治の過程』が、その価値を「再発見」され、二〇世紀政治学の古典としての評価を享受することになるのは、それから四〇年余りを経て一九五〇年代に入ってからのことです。このような再評価への気運が高まる中で、同書の新版が刊行(一九四九年)されたのを機に、再度『アメリカ政治学評論』誌に掲載された同書の書評で、評者のバートラム・M・グロス(一九一二—)は、逆転の評価をこう書き記したのでした。

「もし、だれかが、これまでにアメリカで書かれてきた政治学書の中でもっとも重要なもののリストを作成中であるとすれば、私は、この『政治の過程』をその中に含めることを心からすめたい。もし、どの国においてであろうと、これまで書かれてきた政治学書の中でもっとも重要なもののリストが作られるとすれば、この本は、やはりそのリストの中に収録されるべきである。」

いずれにしても、ウォーラスとベントレーが直面した反発と冷笑は、疑いなく、かれらの政治学の先駆性を裏書きするものであったというべきでしょう。新しい政治学は、新しい世界の展開を背景にして、伝統派と改革派のせめぎ合いの中から発展してきたのです。

3 だれのための政治学か

しかし、政治学観の変化は、単に新しい世界の発展に対応してのみ起こったのではありません。同時に注目しなければならないのは、それが、時代とともに変わってきた政治学の役割とも連動していたことです。

一九世紀の中期のころまでの高等教育機関での政治学教育の役割は、社会・政治のリーダーの養成にありました。一八六〇年代末から七〇年代にかけての時期にハーバード大学で政治学のテキストに使われたと伝えられているのが、ジョーゼフ・オールデン（一八〇七–八五）の『政治の科学』（一八六六年）ですが、この本は、イギリスの政治制度と比較しながら、アメリカの連邦憲法、州憲法、国際法を解説することをねらいとし、「青年が、アメリカの市民としての自分の義務を果たすために必要な知識を習得するのに資する」ことを目的としていました。

一見すると、今日のいわゆる「市民のための政治学」のように思われますが、当時のアメリカで、一八–二四歳の年齢層中の大学在籍者の比率は、一％そこそこでしたから、オールデンが対象とした

「青年」が、将来のアメリカの指導層の「予備軍」を意味したことは、ことわるまでもないでしょう。そして、この本は、明らかに連邦や州の制度、さらに国家間関係のルールの解説を主内容とする「政治学」観の上に立っていました。

ちなみに、この本は、明治六（一八七三）年から翌年にかけて、錦織精之進によって『米国政治略論』として四分冊で邦訳刊行されましたが、錦織が書名（*The Science of Government*）を解説しながら、「「ガブルメント」ハ治国平天下ノ意」と述べているのは、同書の意義を的確にとらえていたことを示すものといっていいでしょう。

一九世紀末になると、政治学の役割に顕著な変化が起こります。それが、公務員養成の役割です。アメリカでそのような政治学の画期をもたらした一つのきっかけが、連邦公務員の採用に資格任用制を導入した一八八三年のペンドルトン法の施行でした。選挙に勝った政党が人事を取り仕切るそれまでの縁故採用方式を排除したこの新しい公務員採用方式は、いやおうなしに大学での政治学教育の改革を促すことになります。その一つの例が一八八一年のミシガン大学でのスクール・オブ・ポリティカル・サイエンスの設立でした。学部の三、四年生を対象にしたこのスクールは、「政府分野の公務員ポストへの卒業生の任用を増進する」ことをねらいとしていたのです。

わが国の主要な高等教育機関が発足したのは、一八五八年創立の慶応義塾を別として、アメリカの大学で政治学教育でこのような変化が進行していた一九世紀末期のことでした。この時期に、同志社英学校（一八七五年創立、同志社大学の前身）、東京大学（一八七七年創立）、明治法律学校（一八八一年創立、明治大学の前身）、東京法学社（一八八〇年創立、法政大学の前身）、東京専門学校（一八八二年創立、早稲田大学の前身）、京都帝国大学（一八九七年創立）などが、相次いで創立されたのです。そして、興味深いことに、東京大学（一八八六年の「帝国大学令」によって「帝国大学」に、さらに京都帝国大学の発足に伴って「東京帝国大学」に改称）と京都帝国大学の両国立大学の法科大学（法学部）の主要な目的とされたのが、中央政府のための官僚養成でした。なお、東京、京都の両大学の名称から「帝国」が削除されたのは、第二次世界大戦後の一九四七年のことです。

ところで、この両大学に対して、他の私立学校は、制度上一ランク下の専門学校扱いでしたから、国の官僚への道は、ごく狭いものでした。その中で、東京専門学校が活路を開こうとしたのは、地方政治・行政の分野です。一八九一年七月の卒業生送別会の席上でおこなった演説で、東京専門学校の政治学スタッフの中心的存在であった高田早苗（一八六〇―一九三八）が、「成るべく地方へ往け」と呼びかけ、つぎのように論じたのは、当時の事情をよく反映しているといっていいでしょう。

「今更余輩が呶々《どど》するを俟《ま》たず、智識分配の失当は実に国家の大患なりといふべし、智識の中央首府に集りて地方の光景日々に寂寥たるに至れるは、中央集権の結果固《もと》より已むを得ずと雖も、この分にて打捨て置かば、日本といふ国家脳充血となること受合なり、……左れば俠骨《きょうこつ》ある諸学校の秀才は、天下の為国家の為に卒業の後地方に赴き、多年練へ置きたる脳力を其利益の為に使用せんこと切望に堪へざるなり」

このようにして、一九世紀末期から二〇世紀初頭にかけての時期の政治学教育の重心は、公務員養成に移ったのですが、この時期に支配的な影響力を振るったのが、1節で触れたJ・W・ガーナーや小野塚喜平次の定義にみられるような「国家に関する学問」としての政治学観でした。

その後、二〇世紀の二〇年代以降、とくに二つの要因によって政治学の役割に大きな変化が起こり、それが政治学観の大転換を促すことになりました。一つの要因は、選挙権の拡張による有権者の激増です。この変化は、政治学の民主政治へ向けての市民教育の役割の重要性を高め、同時に市民を視野に入れた政治学の構想を不可避としました。政治学の役割を大きく変えたもう一つの要因は、大学進学率の顕著な上昇です。アメリカの場合、二〇世紀の進行とともに大学進学率が高まり、一九二〇年には、一八―二四歳人口中の四・七%、およそ六〇万人が大学在籍者でしたが、一九七〇年には、その比率が三二・一%に達し、一八―二四歳人口中のおよそ八〇〇万人が大学在籍者でした。

また、日本の場合、一九〇〇年における大学在学者数は、わずかに三二四〇人、専門学校在学者数は、一万三四〇〇人であり、一九二〇年に至ってもなお、高等教育機関在学者は、七万九二二一人（大学在学者二万一九一五人、専門学校在学者四万九〇〇七人）で、一八―二一歳年齢層の一・七%にとどまっていましたが、一九九五年には、わが国の大学在学者（学部）は、二三三万八三二一人で、一八―二一歳年齢層の三〇・九%に達しました。

このような現実の動向が、政治学教育の重心を社会・政治のリーダー養成や公務員養成から民主的市民の養成へと移動させることになったのは、当然でしょう。一九一六年に公にされたアメリカ政治学会の「教育に関する委員会」の報告書『政治の教育』は、つぎのように論じて政治学教育の過渡期における重心の移動の問題状況を鮮やかにうつし出しています。

「大学の政治学教育の機能は、専門職業への訓練とともに市民への訓練である。この機能を果たすに当たって、大学は、あまりにもしばしば国家の起源、法と主権の性質についての理論に対して、事実上現実の政治問題の運用においてあまり関係がない抽象的な概念や原則の考察に対して、ほとんどもっぱら注意を限定している。……政治学が、少なくとも一部の地域では、市民社会についての理論にあまりにもきびしく限られ、政治問題の現実にあまりにもわずかの関心しか払われてこなかったという徴候がみられる。……ここで提案したいのは、政治学の研究が、理論と抽象的な議論を、政治制度の実際の活動についてのより立ち入った考察によって補うように拡張されることである。」

このような成り行きの中で、ウォーラスやベントレーが提起した方向での新しい政治学が、デモクラシーの政治学として、二〇世紀後半期の政治学の主潮流になりました。

II デモクラシーの今——三つの特徴

1 デモクラシーの大衆化・大規模化

ひと口にデモクラシーといっても、デモクラシーは、時代とともに大きく変貌してきましたし、また、世界の国々で、そのありようは、けっして一様ではありません。

まず目を向けるべきは、人口の規模の点でのデモクラシーの変貌であり、国ごとの違いです。かつてのデモクラシーは、この点でごく小規模なものでした。アメリカの場合、建国当初の一七九〇年の人口は、三九三万人でした。このアメリカで人口が五〇〇〇万人を超えたのは、一八八〇年のことですが、それから四〇年後の一九二〇年には、一億人の大台に乗ります。このような人口の激増は、自然増に加えて、二つの要因に基づいていました。一つは、一九世紀末から二〇世紀初頭にかけての時期の大量の移民の到来です。一八八一年から九〇年までの一〇年間にアメリカに入国した移民数は、五二五万人、続く一八九一年から一九〇〇年までの一〇年間の移民数は、三六九万人でした。

一九〇〇年のアメリカの総人口は、七五九九万人でしたから、この年の総人口の一二%弱が、直前の二〇年間の新移民であったことになります。

一九世紀末から二〇世紀初頭の時期のアメリカの人口の激増を招いたもうひとつの要因は、アメリカの地理的拡大です。アメリカは、一八八八年までは、三八州で構成されていました。その構成に大きな変化が起こったのは、まず一八八九年にモンタナ、ワシントン、ノース・ダコタ、サウス・ダコタの四州が、さらにその後一九一二年までに六州が、アメリカに加わったからです。つまり、一八八九年から一九一二年までの二三年の間に、アメリカは、三八州の国から四八州の国へと拡大したのです。さらに、アメリカが現在の五〇州の国になったのは、一九五九年のことでした。この年に、アラスカとハワイが相ついでアメリカの州になったのです。

その後、アメリカの人口は、引き続く毎年の大量の移民の到来と自然増によって増加を続け、一九七〇年に二億人を超え、二〇〇〇年には、二億八一四二万人に達しました。

これに対して、第一回総選挙がおこなわれた一八九〇年に三九九〇万人であった日本の人口は、第一回国勢調査が実施された一九二〇年までに四割増して五五九六万人に達し、それからの五〇年間にさらに九割近く増えて一億人を上まわり、さらに、国勢調査結果によると、二〇〇〇年の人口は、一億二六九三万人でした。一九二〇年から二〇〇〇年までの八〇年間に、日本の人口は、七〇九七万人増えたことになります。この間に、アメリカの人口は、それより一億人余り多い一億七五七一万人増加しました（表II－1参照）。

ところで、民主政治についてみるとき、人口規模に関連して注目すべきが、このような人口増とともに有権者の規模の拡大であることは、いうまでもありません。アメリカの有権者は、一八六〇年に五七三万人（総人口の一八・二%）で、この年の大統領選挙で共和党初の大統領として当選したリンカーンの得票数は、一八七万票でした。そして、アメリカで女性参政権が確立した一九二〇年の有権者数は、五四三一万人（人口の五一・四%）でしたから、リンカーンの時代のほぼ一〇倍の規模に拡大したわけです。さらに、一九七一年の連邦憲法第二六改正によって一八歳選挙権が確立してからの最初の大統領選挙がおこなわれた一九七二年の有権者数は、一億三六一六万人（人口の六四・九%）に達し、二〇〇〇年の大統領選挙の際の有権者数は、ついに二億人を超えて、二億二六一万人（人口の七二・〇%）を数えました。現在のアメリカの有権者の規模は、リンカーンの時代の三五倍強ということになります。

表II－1　人口規模の拡大：日本とアメリカ

年次	人口（1000人）	
	日　本	アメリカ
1880	36,649	50,156
1890	39,902	62,948
1900	43,847	75,995
1910	49,184	91,972
1920	55,963	105,711
1930	64,450	122,775
1940	71,933	131,669
1950	84,115	150,697
1960	94,302	179,323
1970	104,665	203,302
1980	117,060	226,542
1990	123,611	248,718
2000	126,926	281,422

出所：総務省統計局編『我が国人口の概観』日本統計協会、2002年およびU.S. Census Bureau, Statistical Abstract of the United States, 2002.

日本の場合、第一回総選挙の際に総人口の一・一％の四五万人にすぎなかった有権者は、一九二五年に実現した男子普通選挙制の下での最初の総選挙としての一九二八年総選挙の際には、一二四一万人（人口中の二〇・〇％）を数えました。さらに、一九四五年に女性参政権が確立し、選挙権年齢がそれまでの二五歳から二〇歳に引き下げられてからの最初の総選挙が一九四六年におこなわれたとき、有権者数は三六八八万人にのぼり、総人口の四八・七％を占めました。日本の有権者は、その後もとりわけ高齢化の影響をうけつつ増加し続け、一九九九年には一億人の大台に乗り、二〇〇五年におこなわれた総選挙の際の有権者数は、一億二九九万人（小選挙区）で、人口中の八〇・六％でした。第一回総選挙の際には、人口中一〇〇人に一人が有権者でしたが、その一一五年後の第四四回総選挙の際には、人口一〇〇人中八〇人が有権者であったことになります。

このようにして、過去一世紀の間に日米のデモクラシーは、大規模化し、大衆化してきましたが、同様な傾向は、二〇世紀における民主国にほぼ共通にみられた現象でした。しかし、それによってすべての民主国が大規模デモクラシーになったわけではありません。人口規模が国によって大きく異なるからです。

イギリスでは、一九六九年に選挙権年齢がそれまでの二一歳から一八歳に引き下げられ、この改革後の最初の総選挙であった一九七〇年総選挙では、前回の一九六六年総選挙の際より有権者が三三八万人増えて、三九三四万人となり、その後の人口増と相まって、二〇〇一年総選挙の際の有権者は、四四四〇万人で、総人口のおよそ七五%を占めました。この点でのイギリスの民主政治の大衆化の進行は、アメリカや日本の場合と変わりません。しかし、人口や有権者の規模の点で、イギリスは、アメリカのおよそ四分の一、日本の二分の一です。人口が七〇〇〇万人余りで、有権者が四七〇万人ほどのスイスですと、人口や有権者の規模の点で、アメリカの四〇分の一、日本の二〇分の一前後ということになります。

要するに、これらの国々は、二〇世紀において、普通平等選挙権に基礎をおく選挙制デモクラシーの国として発展してきた点では同様ですが、人口や有権者の規模の点で大きく異なっています。実際の規模の点でみますと、アメリカのデモクラシーは、抜きんでた巨大規模デモクラシー、日本のデモクラシーは、大規模デモクラシーで、イギリスとスイスのデモクラシーは、それぞれ中規模デモクラシー、小規模デモクラシーということになるでしょう。

このような規模の違いの結果として、それぞれの国は、民主政治の運営上、しばしば異なった問題に直面してきました。同じ地方自治体であっても、人口二〇〇人前後の青ヶ島村（東京都）と人口三五〇万人の横浜市での地方自治体のありようがおよそ類を異にするのと同様です。

そして、このようなデモクラシーと規模の問題にいち早く目を向けたのが、Iの2で触れたG・ウォーラスの『大社会』でしたが、ほぼ同時期にデモクラシーに対する「規模の影響（effect of size）」に人々の注意を喚起したのが、ハーバード大学の政治学者で、一九〇八年から翌年にかけてアメリカ政治学会の会長をつとめ、また一九〇九年から三三年までハーバード大学総長の任にあったA・ローレンス・ローウェル（一八五六―一九四三）でした。ローウェルは、『大社会』が出版された前年の一九一三年に著した『世論と民衆政治』において、「少なくともスイスの制度が、それよりはるかに大きな規模の上でうまく作用するかどうかは疑わしい」と指摘し、さらに、その一〇年後に出した『戦時と平時の世論』（一九二三年）で、重ねてこの問題に触れ、こう論じました。

「少量の水には波は起きないが、好むと好まざるとにかかわらず、多量の水には波が起こる。……スイスで比較的に政党の重要度が低いのは、一つには、選挙民の規模の小ささによる。」

「良かれ悪しかれ、通常の状況の下においては、大規模民主国ではどこでも、政党は不可避である。」

とにかく、規模の拡大による新しい世界でくり広げられている現実のデモクラシーを目の当たりにして、ともに四〇歳代半ばで二〇世紀を迎えたウォーラスとローウェルは、従来のデモクラシー観、伝統的政治学の「現実とのずれ」の拡大をさとらずにはいられませんでした。その知的衝撃が、ウォーラスやローウェルにこの新しい世界に対応する新しいデモクラシー観、新しい政治学の構想を促したのです。

ちなみに、ウォーラスが一九〇八年に『政治における人間性』を著したとき、ただちにこの本の意義に注目したローウェルは、ウォーラスをハーバードに客員教授として招きました。一九一〇年春のことです。そして、このときのウォーラスの講義を聴講した学生の一人が、ウォルター・リップマン（一八八九―一九七四）でしたが、後の章で詳しく触れるように、二〇世紀のデモクラシー観に大きな影響を及ぼしたリップマンの『世論』（一九二二年）は、『大社会』の原型であったウォーラスの講義からリップマンが受けた知的刺激の所産でした。

ローウェル、ウォーラス、リップマンの出会いは、二〇世紀の新しい政治学の形成期の知の合流の中での興味津々のエピソードです。

2　都市化の中のデモクラシー

大衆化・大規模化とともに二〇世紀のデモクラシーを大きく変貌させた社会的要因は、ほかならぬ都市化の進行です。近代デモクラシーが発展し始めたころ、社会は、一般的には農業経済を軸としており、デモクラシーは、農村社会を土台とした農村デモクラシーとしての特徴を持っていました。これに対して、二〇世紀のデモクラシーは、都市化の進行を背景にして都市デモクラシーへと変貌します。

都市化のもっとも簡便な指標は、いうまでもなく都市部の人口の動向ですが、この点で急速な発展を遂げたのは、一九世紀末から二〇世紀への移行期のアメリカでした。この時期のアメリカの直接的観察によって、『アメリカ共和国』(一八八八年)を著したジェームズ・ブライス(一八三八―一九二二)は、デモクラシーと都市化の問題に注意を喚起した先駆者の一人ですが、トクヴィルの『アメリカの民主政治』と並ぶアメリカ・デモクラシー論の古典と位置づけられるこの著作の新訂版(一九一四年)で、ブライスは、一九世紀から二〇世紀への世紀の変わり目の時期の都市化の進行に触れて、こう書いています。

「一七九〇年の国勢調査の示すところによると、人口が八〇〇〇人以上の都市は五都市にすぎず、三万三〇〇〇人以上の人口を持つ都市は、わずかに一都市であった。一八八〇年には、人口八〇〇〇人を超える都市は二八六、四万人を超える都市は四五、一〇万人を超える都市は一九であった。これに対して、一九一〇年の国勢調査によると、人口八〇〇〇人を超える都市は七七四、一〇万人を超える都市は五〇を数えた。人口八〇〇〇人を超える都市の居住者の総人口中の比率は、一七九〇年には三・三五%、一八四〇年には八・五二%、一八八〇年には二二・五七%、一八九〇年には二九・一二%、一九一〇年には三八・七四%であった。」

二〇世紀に入ってからのアメリカの都市化の進行は、さらに急速で、一九〇〇年当時、総人口の五分の二であった都市人口は、一九二〇年に五割を超えました。アメリカの「都市的国家」への変貌が注目されるようになったのは、このころからです。そして都市部の人口拡大はその後も続き、二〇〇〇年には都市人口が総人口のおよそ八割を占めるに至りました。

事態の推移は、日本でもほぼ同様です。第一回国勢調査が一九二〇年におこなわれたとき、日本の市部人口は、総人口の一八・〇%でした。その後、大正末から昭和の初めにかけての時期における都市部への人口流入はきわめて活発で、一九二〇年から三五年までの一五年間に、郡部人口は七二万人増えただけでしたが、市部人口は一二五〇万人余り増加して、総人口の三二・七%に達しました。

このような人口動向をもっとも顕著にうつし出したのが、ほかならぬ東京です。東京区部の人口は、一九二〇年に三三六万人でしたが、一〇年後の一九三〇年には四九九万人に膨脹していました。この一〇年間に一六〇万人余りの人口増を記録したわけです。東京は、この間の一九二三年九月に関東大震災に襲われ、死者九万人余、全壊焼失家屋四六万戸余という大災害に見舞われましたが、それを乗り越えての大発展でした。その発展の中で、一九二七年四月に小田原急行鉄道の新宿―小田原間が開通し、その年末に日本最初の地下鉄が、上野―浅草間で運転開始となります。また、新宿の三越百貨店が、現在位置のところに移転するための新築工事が始められたのが一九二八年、竣工は一九三〇年でした。さらに、映画がトーキー化し、トーキー設備のある映画館が普及し始めたのは、一九二七年以降のことです。

西條八十作詞の「東京行進曲」が作られたのは一九二九年のことで、おなじみのつぎの一節は、当時の変貌のただ中にあった東京の街の情景を活き活きと伝えています。

シネマ見ましょか　お茶のみましょか

いっそ小田急で　逃げましょか
変わる新宿　あの武蔵野の
月もデパートの　屋根に出る

ところで、その後もさらに増え続け、一九四〇年に総人口の三七・七％を占めるに至った日本の市部人口は、第二次世界大戦の末期に全国各地の都市が米軍機の空襲を受けて広範囲にわたって焼土と化し、また安全のための家族の地方への疎開が進んだ結果、戦争が終結した一九四五年には、総人口の二七・八％にまで落ち込んでいました。その中で、戦後の復興とともに、市部人口は再び増加に転じ、一九五三年に施行された町村合併促進法に促された町村合併による新しい市の誕生とも相まって、一九五五年には五〇％の大台を超え、さらに七五年には七五・九％にのぼり、日本人の四分の三が、市部人口によって占められることになります。日本の市部人口は、その後も微増傾向をたどり、二〇〇〇年には七八・七％に達しました（表Ⅱ-2参照）。

このようにして、今日のデモクラシーは、都市デモクラシーとして展開されているのですが、ここ

表Ⅱ-2　日本の市部人口と郡部人口の動向

年次	市部人口（%）	郡部人口（%）
1920	18.0	82.0
1925	21.6	78.4
1930	24.0	76.0
1935	32.7	67.3
1940	37.7	62.3
1945	27.8	72.2
1950	37.3	62.7
1955	56.1	43.9
1960	63.3	36.7
1965	67.9	32.1
1970	72.1	27.9
1975	75.9	24.1
1980	76.2	23.8
1985	76.7	23.3
1990	77.4	22.6
1995	78.1	21.9
2000	78.7	21.3

出所：総務省統計局編『我が国人口の概観』日本統計協会、2002年

で、「都市の今」の二つの特徴的側面に目を向けておくことが必要でしょう。一つは、大都市への人口集中です。二〇世紀初頭期のアメリカの都市化状況を観察したブライスが、人口八〇〇〇人以上の都市の居住者が一九一〇年にアメリカの総人口の三分の一強を占めるに至ったことに注意を喚起したことについては、先ほど触れましたが、それから八〇年を経た一九九〇年には、人口一〇万人以上の都市に総人口の四割強が居住していました。また、日本の場合、一九二〇年に人口一〇万人以上の都市は一六で、ここに総人口の一二・二%が居住していましたが、二〇〇〇年には、人口二〇万人以上の都市が一〇七にのぼり、ここに総人口の四七・八%が居住していました。

すでに明らかなように、大都市への人口集中傾向は、アメリカより日本の方が顕著ですが、人口一〇〇万人以上の都市についてみると、この違いは、さらに際立っています。二〇〇〇年のアメリカの国勢調査によると、人口が一〇〇万人以上の都市は九都市(ニューヨーク、ロサンゼルス、シカゴ、ヒューストン、フィラデルフィア。フェニックス、サンディエゴ、ダラス、サンアントニオ)で、ここに総人口の八・二%が居住していました。これに対して同じ二〇〇〇年に、日本では人口が一〇〇万人を超える都市が一二あり、これらの都市に総人口の二一・二%が居住していました。

「都市の今」で注目すべきもう一つの点は、人口移動の活発さです。農村社会では、多くの人々は、生まれたところで育ち、働き、生涯を終えます。これに対して、都市社会では、人々の移動は、ごく日常的な現象になります。一九七〇年代の初めに相前後して公にした著作で、現代アメリカ人の移動の問題の今日的意味を論じたのが、文明批評家のアルヴィン・トフラー（一九二八―）とヴァンス・パッカード（一九一四―九六）でしたが、トフラーは、一九七〇年に著した『未来の衝撃』で今日のアメリカ人をその移動度の高さに照らして、「新しい遊牧民」と呼び、パッカードは、このような移動族の実態をつぶさに検討して、一九七二年の著作に『顔見知りでない人々から成る国』というタイトルを付しました。

ところで、パッカードは、その著作で日米の移動状況を比較して、「アメリカ人は、一生の間に、日本人の五回に対して、一四回引っ越しをする」と書いています。パッカードがこの日米比較をしたのは、一九六〇年代のデータに基づいてでしたが、二〇〇〇年の国勢調査によると、年間の移動率は、日本の七・九％に対して、アメリカでは一四％でした。アメリカの移動率の高さは、アメリカ人の職業の移動の活発さや所得の上昇に伴う居住地の移動といったアメリカ人特有の習わしなどと関連するところが少なくないでしょうが、日本人の移動も、ますます活発の度を増していることに目を向ける必要があります。国勢調査の結果によりますと、出生時から現在地に継続して居住している者は、一九七〇年には、人口の三〇・九％でしたが、二〇〇〇年には、一六・〇％に減少していました。

ところで、今日の都市社会での人口移動は、転居によるものだけではありません。同時に注目しなければならないのは、毎日の通勤・通学のための往復移動です。二〇〇〇年のわが国の国勢調査によると、従業地または通学地が自市区町村外のものは、三〇三四万人で、人口中のほぼ四人に一人の二三・九％でした。このような往復移動現象の結果は、昼間人口と夜間人口（常住人口）の差の拡大です。二〇〇〇年の国勢調査によると、東京都の区部へは、東京都の区部以外から六一万人、他県から二八四万人の通勤・通学者が流入していましたが、そのような流入者がもっとも多い千代田区では、三万六〇〇〇人の夜間人口に対して、昼間人口は、その二四倍に近い八五万五〇〇〇人でした。

このようにして、かつての農村社会の住民は、転居が稀であり、居住地区で終日農業に従事する定住者的全日制住民であったのに対して、今日の都市社会の住民は、転居と往復移動という二重の移動によって、一時滞在者的定時制市民として特徴づけられます。

3　政治の積極化とデモクラシー

いままで1と2でみてきたのは、社会的要因によるデモクラシーの変貌でしたが、デモクラシーは、政治的要因によっても、より直接的な影響をうけ、二〇世紀の間に大きく変貌しました。1で触れた有権者の規模の拡大も、そのような政治的要因の一つですが、政府活動の積極化もまた、デモクラシーのありようを大きく変えてきた政治的要因です。

一八世紀から一九世紀前半期ころまでは、政府の主目的は市民生活の秩序を守るところにあるとする消極的政治観が一般的でした。アダム・スミス（一七二三―九〇）が、一七七六年刊の『国富論』で、「多年にわたる労働、あるいはおそらくは数代にわたる労働によってえられた貴重な財産の所有者が、一夜でも安心して眠れるのは、治安官の庇護があればこそである。貴重かつ大量の財産の取得は、必然的に政府の設立を必要としてくる。何の財産もないか、あるいは二、三日の労働の価値を超える財産がないところでは、政府はそれほど必要でない」と論じたとき、スミスは、当時の政治観の主代弁者の役を演じていたといっていいでしょう。そして、それから七〇年近くを経て、アメリカの詩人・哲学者のラルフ・ウォールドー・エマーソン（一八〇三―八二）が、一八四四年の『随想集』の中で、「政府は、小さければ小さい方がいい。法律は、少なければ少ないほうがいい」と述べているのも、同様の政治観に立つものとみていいでしょう。

要するに、これらの論者たちにとって、政府は、基本的に「必要悪」でした。経験の示すところによれば、残念なことに盗人がいない、他人に危害を加えるものがいないといった社会は、現実には存在しません。そこで、これらの犯罪に対処し、社会の安全を確保することが、政府の任務とされました。政府は、いわば警備保障会社的役割を担うものと考えられたのです。ジョン・ロック（一六三二―一七〇四）が『市民政府論』（一六九〇年）でおこなっている政治権力についてのつぎのような定義は、このような政治観の源流に位置するものといえるでしょう。

「政治権力とは、すべて公共善を目的として、所有の規制と維持のために死刑およびそれ以下の刑罰を備えた法律を作る権利であり、またそのような法律を執行し、外敵の侵害から国を防るために共同体の力を用いる権利である。」

ところが、一八世紀後期以降の産業革命の進展をてことする工業化の進行が、景気の変動による失業者の増殖を不可避とし、また貧困の問題を社会化させるといった事態の成り行きが、伝統的な政治観を揺るがすことになります。そして、これらの問題が深刻の度を増した一九世紀後期には、これらの問題の解決に政府が積極的に取り組むことが求められるようになりました。また貧困者対策にしても、貧困者を救済する救貧から、貧困の原因を取り除く防貧へといっそう積極化することが時代の要請になります。さらに、「ゆりかごから墓場まで」をキーワードとして、福祉国家の確立へ向けての方向・課題を提示した「ビヴァリッジ報告」がイギリスで提出されたのは、一九四二年のことでした。

このような動向の中で起こったのが、政府の役割が単なる治安官から、国民生活の質を積極的に高めるのに必要な万般のサービス提供者へと変わってきたとみる政治観への転換です。そして、このような変化をいち早く見て取り、その意義を論じたのが、若き日のウォルター・リップマンでした。二四歳のおりに著した処女作『政治学序説』(一九一三年)で、リップマンは、こう書いています。

「一番少なく政治をおこなう政府が最善だということは、まったく正しい。一番多く供給する政府が最善だということも、同様に正しい。第一の真理は、一八世紀のものであり、第二の真理は、二〇世紀のものである。政府はこれまで、位の高い警察官であった。政府が存在したのは、財産を守り、われわれがあまりにはげしく反目し合うことを防ぐためであった。これに対して、学校、街路、下水道、幹線道路、図書館、公園、大学、医療、郵便局、パナマ運河、農事情報、防火の供給は、ジェファーソンの理想とはまったく異なる政府の利用である。

政治革命が進行中である。警察官としての国家は、生産者としての国家と交代しつつある。」

ところで、このような政府活動の積極化・広範化は、不可避的に政府機構の拡大を促すことになります。建国期アメリカの連邦政府は、国務省、陸軍省、財務省の三省で発足しました。その後、一七九八年に海軍省、一八四九年に内務省が加わって、一九世紀半ばのアメリカ連邦政府は、五省体制になりました。当時の消極政治に見合う体制であったわけです。しかし、一九世紀末以降には、一八八九年に農務省、一九〇三年に商務労働省が相ついで設置され、一九一三年には、商務労働省が商務省と労働省に二分割されました。これらの動きが、政治の積極化への対応策であったことは、いうまでもありません。

事態の推移は、わが国でもほぼ同様です。一八八五年に内閣制度が創設され、第一次伊藤博文内閣が発足したとき、政府を構成していたのは、外務、大蔵、司法、文部、内務、農商務、逓信、陸軍、海軍の九省でした。これらの省の中で、農商務省は、一九二五年四月に商工省と農林省に分かれ、さらに一九三八年一月に厚生省が、一九四七年九月に労働省が、それぞれ新設されます。これらが、アメリカの場合と同じようにわが国政治の積極化に対応する動きであったことは、ことわるまでもないでしょう。ちなみに二〇〇一年一月の省庁再編により、厚生省と労働省は統合されて厚生労働省になり、一九七一年一月に新設された環境庁は、省庁再編時に環境省と改称されました。

さらに、このような政府機構の拡大は、政府活動の担い手としての公務員の増加を伴いました。アメリカの連邦公務員は、一七八九年の連邦政府発足当初わずかに七八〇人にすぎませんでしたが、一八四一年に一万八〇〇〇人、一八六一年に三万六〇〇〇人、一八八一年に一〇万人と増加を続け、一九二〇年に六五万人を上まわり、一九四〇年には一〇〇万人を超えました。一八四一年からの一〇〇年の間に、アメリカの人口は、七・七倍になりましたが、連邦公務員数は、五七・八倍になりました。なお、二〇〇二年の連邦公務員数は、二六九万人です。

わが国の場合、国家公務員数は、一九〇〇年に九万二〇〇〇人でしたが、一九二〇年に三〇万人を、一九四〇年には五〇万人を超え、一九六〇年には一六九万人に達しました。一九〇〇年からの六〇年間に、人口が二・二倍になったのに対して、国家公務員数は、一八・三倍の規模に増大したのです。

このようにして、一九世紀末から二〇世紀初頭にかけての時期に消極政治が積極政治へと移行する中で、政府は、かつての小規模政府から大規模政府（ビッグ・ガバメント）へと発展し、議会に権力の重心があった立法国家から、権力の重心が政府の方に移動した行政国家へと変貌しました。また、このような政治の変貌の過渡期に『労働者綱領』（一八六二年）を書いたフェルディナント・ラッサール（一八二五―六四）が、その中でそれまでの国家の目的が、「もっぱら個人の人格的自由と所有を保護すること」にあったとし、そのような国家観を夜警国家観として批判したことは、よく知られていますが、たしかに一八世紀から一九世紀半ばに至るまで国家の活動の軸が夜警的活動にあったことは、否めないところでしょう。

これに対して、二〇世紀の国家の活動は、国民生活のあらゆる側面にかかわるようになりました。『政治行動』というタイトルをもった最初の著作の著者として知られるアメリカのジャーナリスト、フランク・ケント（一八七七―一九五八）が、この著作で「ゆりかごから墓場まで、人生のどの段階も政治の香を免れてはいない」と書いたのは、一九二八年のことです。そして、このような国家の活動の中でとりわけ大発展を遂げてきたのが、国民の福祉の増進を志向するものであったことは、いうまでもありません。今日の国家が福祉国家として特徴づけられるゆえんです。

III デモクラシーのゼンマイとしての選挙

1 デモクラシーと代表制

選挙とデモクラシーの関係について論じるとき、もっとも頻繁にもち出されるのが、「投票用紙は、弾丸よりも強い」というリンカーンの警句でしょう。そして、リンカーンは、選挙とデモクラシーに関連してもう一つの警句を残しています。それが、「選挙なしには、自由政治をもつことができない」です。もっとも、リンカーンの時代のデモクラシーは、IIの1でみたように、まだ発展途上でした。有権者にしても、まだ人口中の一部に限られていたからです。そして、二〇世紀は、リンカーンが唱えた選挙とデモクラシーの密接な結びつきを現実化した世紀でした。

なるほど、古代ギリシャの都市国家アテネの民会は、市民の全員参加方式でしたから、アテネのデモクラシーは、選挙なしのデモクラシーでしたし、アメリカのニューイングランドの州には、市民が直接参加する市民集会で市の政治を運営する方式をとっている都市が、いまもわずかながら残っています。しかし、今日では、デモクラシーが一般に男女平等普通選挙権に基づく選挙と結びついていることは、いうまでもありません。わが国の地方自治法は、町や村の場合に「議会を置かず、選挙権を有する者の総会」によって運営することを認めています（第九四条）。しかし、実際に町議会や村議会を置かず、住民の総会によって運営している町や村は、現在一つもありません。

結局、今日のデモクラシーは、一般に、選挙によって代表者を選び、これらの代表者によって構成される議会が、有権者に代わって政治の運営に当たる代表制デモクラシー（代議制デモクラシー、選挙制デモクラシーとも呼ばれる）です。民意に直接的に基づく政治という意味では、有権者の直接参加による直接デモクラシーの方が望ましいと思われるかもしれません。しかし、代表制デモクラシーには、平均的人間を前提にして設計され、発展してきた政治方式であるところに基本的な長所があります。

前に『アメリカ共和国』の著者としてジェームズ・ブライスの名を挙げましたが、このブライスはまた、一九二一年に今日デモクラシー論の古典として位置づけられる『現代民主諸国』（一般には『近代民主政治』『現代民主政治』などと訳されている）を公にしました。この本の中で、ブライスは、平均的人間（average man）が生活上のさまざまな側面に対して寄せる関心の強さの順番は、①自分の職業、②家族や友人、③宗教的信仰、④個人の娯楽や趣味、⑤社会への市民的義務であるとし、さらにこう付言しています。

「これらの五つの関心の順番は、もちろん人によって異なる。人によっては、第四の関心を第二の関心の上に置き、また第一の関心をないがしろにしすぎて、他人のお荷物になる者もいる。しかし、一つの共通の特徴は、第五に帰している低い地位であり、市民の半分以上が、社会への市民的義務にまったく関心を払っていない国もある。」

このような観察に基づいて、ブライスは、「市民の大多数は、一般に公共の問題に心を労することがほとんどなく、ごくごく重要な問題を除いては、その処理を少数者に進んで委ねるのである」と指摘していますが、代表制デモクラシーの発展を不可避としてきた基本的要因が、このような平均的人間の性《さが》にあったことは否むべくもないでしょう。

実際問題として、都市国家アテネの民会の問題は、公共の問題への市民の関心の低さにありました。アリストテレスは、『アテナイ人の国家』の中で、この点に触れて、民会出席者が少なく、採決に必要な出席者数を確保することが容易でなく、遂に出席への呼び水として民会出席者に手当を出すようになり、しかもその手当をしだいに増額していったと記しています。

そして、二〇世紀に入って、代表制デモクラシーとしてのデモクラシーの発展をますます促してきたのが、現代デモクラシーの条件にほかなりません。一つが、有権者の大規模化です。有権者が一億人を超える現在のわが国で、有権者が一堂に会して議会を開くといったことは、およそ不可能事というほかありません。地方自治体の場合も、同じです。わが国には、二〇〇〇年に人口二〇万人以上の都市が一〇七あり、ここに総人口の四七・八%が居住していましたが、二〇万都市の有権者はおよそ一六万人であり、市民総会の開催は、物理的に不可能というべきでしょう。

二〇世紀における代表制デモクラシーの発展を促してきたもう一つの要因が、積極政治の進展に伴う政策課題の専門化・技術化と政策課題の無限定的拡張による政策決定活動の全日化です。要するに、政策課題の専門化・技術化の進行は、あるレベル以上の専門知識・技術を備えた官僚の登場を不可避とし、平均的市民が政治的決定に有意に参加することをますます困難にしてきたのですが、他方で、政治がカバーすべき政策領域の拡大は、政治的決定に参加する人々の常勤化を不可避とし、この点からも、平均的市民が政治的決定に直接的に参加することを難しくしてきたのです。あるいは、最近の情報技術の大発展によって現実味を増してきた「電子タウンミーティング」は、会議場の広さという直接デモクラシーにとっての物理的障害を克服するかもしれません。しかし、その場合でも、積極政治の現実は、有効な直接デモクラシーの展開の可能性に大きな疑問符を付しているのです。

さらに、代表制デモクラシーには、デモクラシーの運用上の積極的長所があることも見逃してはなりません。それが、政治責任の所在の明確化です。市民が直接に参加して決定する直接デモクラシーの下では、決定に対して市民自らが責任を負うことになりますが、これは、えてして無責任政治に帰着しかねません。諺は、「全体責任は無責任（Everybody's business is nobody's business）」と教えています。これに対して、代表者が有権者に代わって決定にかかわる代表制デモクラシーの下においては、政策上の失敗の責任を代表者に負わせることができます。そして、議会内の多数派が政権を担当する議院内閣制の下においては、政治運営上の失敗の責任を政権党に帰するのが、ゲームのルールです。

要するに、代表制デモクラシーは、責任政治と結びつくことによって政治のダイナミズムを維持する政治方式です。

2　一人一区制と比例代表制

ところで、選ぶというと、すぐに思い浮かべるのは、有権者の直接選挙ですが、代表の選び方は、有権者の直接選挙にかぎりません。ドイツの連邦議会の上院である連邦参議院の議員は、州政府の任命ですし、フランスの上院議員は、国民議会（下院）や地方議会などの代表によって構成される選挙人団によって選出されます。アメリカの連邦議会の上院議員も、一九一三年の連邦憲法第一七改正によって有権者の直接選挙になるまで、州議会によって選出されていました。また、イギリスの上院は貴族院ですから、その議員の選任には一般有権者は関係がありませんし、カナダの上院議員は、政府の助言に基づいて、総督が任命します。

いずれにしても、代表者が有権者の直接選挙で選ばれるのが現在の大勢《たいせい》であることは、いうまでもありません。その意味で、今日のデモクラシーは、一般には、選挙制デモクラシーとほぼ同義的です。しかし、選挙制デモクラシーといっても、その実際のありようは、国ごとにけっして一様ではありません。まず、代表を選ぶ方法は、地理的に区切られた選挙区の有権者が選ぶ方式と、一義的には地理とは無関係に有権者の政党への投票数に応じた数の代表を各政党に配分する方式とに大別されるでしょう。

前者の方式としては、全国を議員定数にひとしい数の選挙区に分割し、各選挙区から一人の代表者を選ぶ一人一区制が典型的です。わが国では、この制度は一般に小選挙区制と呼ばれていますが、この呼称は、時に誤解を招きかねません。たとえば、『新明解国語辞典』(第六版。二〇〇五年)と『角川必携国語辞典』(一九九五年)は、それぞれ「小選挙区」について、「議員の定員が一人の、小さい選挙区」「議員の定数が一名の小さな選挙区」と語釈していますが、「小選挙区」がかならずしも「小さな選挙区」であるわけではありません。

アメリカの連邦下院議員は、一人一区制の下で選ばれますので、全米に下院議員の定数とひとしい四三五の選挙区がありますが、そのうちの七選挙区は、全州一区です。つまり、現在、アラスカ、デラウエア、モンタナ、ノースダコタ、サウスダコタ、バーモント、ワイオミングの七州が、それぞれ全州から一人の下院議員を選出していますが、これらの七州の中でモンタナ州は、日本とほぼ同じ面積ですから、「小さい選挙区」とはいえないでしょう。それどころか、アラスカ州は、日本の四・二倍の広さですから、巨大選挙区といわなければなりません。また、アメリカで人口が一番多い州は、カリフォルニア州で、下院議員選挙区が五三あります。そして、カリフォルニア州の面積も日本と大体同じですから、この州の「小選挙区」の広さは、ほぼ日本の県の広さといっていいでしょう。

アメリカのほかに下院議員選挙で一人一区制を採用している国には、イギリスやカナダがありますが、国土の広さがカリフォルニア州の六割程度のイギリスの下院議員選挙区数は、現在六四六ですから、一選挙区の面積は、平均してカリフォルニア州の連邦下院議員選挙区のおよそ二〇分の一ということになります。こういった事情に照らすと、イギリスの下院議員選挙区を「小選挙区」と呼んでも、とくに違和感はないかもしれません。しかし、国土の広さがアメリカをやや上まわるカナダの下院議員選挙区の数は、三〇八ですから、一選挙区の広さは、平均してイギリスの下院議員選挙区の八〇倍を超えます。こうなると、カナダの下院議員選挙区を「小選挙区」と呼ぶことは、あまりに不適切というほかないでしょう。

要するに、一人一区制は、各選挙区から一人の議員を選出する選挙区制度で、一選挙区の面積が小さい制度をただちに意味するわけではありません。

ところで、これらのアメリカ、イギリス、カナダの国々での一人一区制は、各選挙区での最多得票者が当選する一人一区単純多数制ですが、フランスの下院（国民議会）議員の選挙は、一人一区二回投票制でおこなわれています。つまり、第一回投票で有効投票の過半数をえた候補者がいない選挙区では、上位得票者二人と有権者の一二・五％以上の票を得た候補者に対して、一週間後に第二回投票がおこなわれ、当選者が決められる方式です。ちなみに、この第二回投票では、最多得票者が当選者になります。

いずれにしても、この一人一区制では、地理的に区切った地域から代表者を選びますから、代表者と地域との結びつきは、不可避的に密接です。この制度が、地理的代表制とも呼ばれるゆえんにほかなりません。

これと対照的なのが、比例代表制です。スイス、ベルギー、オランダなど多くの国々で採用されているこの制度の下では、国や州といった広い範囲での各党の得票数に比例した数の議席を各党に配分しますので、候補者は、特定の地域に結びつくより、労働者、経営者、農業者などの経済的利益や、女性、高齢者などの利益に訴え、さらには平和問題、環境問題などのイッシューへの態度の表明によって、有権者の支持を求めます。いいかえれば、一人一区制が、有権者を縦割り的に分割して代表を選ぶのに対して、比例代表制は、有権者を全国あるいは州などの範囲で水平に割って代表を選ぶ方式です。また、一人一区制が、得票数が最多の候補者が当選する多数代表制であるのに対して、比例代表制は、少数者のグループであっても比例の最低のハードルを超えれば当選者を出すことができる少数代表制として特徴づけられます。

このような少数者への視点をいち早く提起し、比例代表制の意義について人々の注意を喚起したのは、ジョン・スチュアート・ミル(一八〇六–七三)の『代議政治論』(一八六一年)でしたが、興味深いことに、このミルの議論などに触発されて、わが国でもすでに国会開設前後のころに少数代表制としての比例代表制についての議論がおこなわれていました。たとえば、東京専門学校（早稲田大学の前身）の最初期の政治学者で、後に早稲田大学総長に就任した高田早苗は、東京専門学校での一八八八年度の「英国憲法」の講義録の中で、「英国現行の選挙法は、党派の器械となること多くそれが為に党派外に在りて独立の意見を有するものその意見を代表せしむる能わざるの実ありとて、近年に至り往々少数代表の方法を案出し、之を実行せんと試みるものあり」と指摘して、比例代表法等について説明し、さらにこう論じています。

「以上挙げたる諸種の少数代表法は、今日に於て一も行わるるものなし。然れども多数圧制の風漸く盛んになりて独立の意見を有する選挙者は、適当の代表者を得るに苦しむの実あること素より明かなれば、右の中に於て最も適当なる方法他日行わるるか、又は更に新しき名案出てて、現行選挙法の弊害を矯正するに至ること疑いあるべからず。」

ところで、現在比例代表制を採用している代表的な国として知られているのがドイツですが、このドイツが連邦議会(下院)議員選挙のために用いている比例代表制は、一人一区制と併用されているところに特徴があります。つまり、議員定数(五九八)の半分は、一人一区での当選者によって占められ、全国での得票数に基づいて各党に比例配分される議席数から、各党が一人一区で獲得した議席数を差し引いた数の議席を各党の比例代表候補者名簿に登載されている候補者で充当するのが、ドイツの方式です。要するに、ドイツの下院議員選挙は、比例代表制で行われているのですが、議席の半分は、議員と選挙区民との関係を重視して、一人一区制での当選者をもって埋めることにしているのです。

表Ⅲ-1　衆院比例代表選挙区別定数

選　挙　区	定数
北海道	8人
東北（青森県　岩手県　宮城県　秋田県　山形県　福島県）	14人
北関東（茨城県　栃木県　群馬県　埼玉県）	20人
南関東（千葉県　神奈川県　山梨県）	22人
東京都	17人
北陸信越（新潟県　富山県　石川県　福井県　長野県）	11人
東海（岐阜県　静岡県　愛知県　三重県）	21人
近畿（滋賀県　京都府　大阪府　兵庫県　奈良県　和歌山県）	29人
中国（鳥取県　島根県　岡山県　広島県　山口県）	11人
四国（徳島県　香川県　愛媛県　高知県）	6人
九州（福岡県　佐賀県　長崎県　熊本県　大分県　宮崎県　鹿児島県　沖縄県）	21人

同じように、比例代表制と一人一区制を組み合わせているのが、現行の日本の衆議院議員の選挙制度ですが、一人一区と比例代表の選挙が切り離されておこなわれる点で、ドイツの制度と類を異にしています。つまり、ドイツの制度は、基本的には比例代表制ですが、日本の制度は、一人一区制と比例代表制の混合型です。わが国で一般に、ドイツの制度は、「小選挙区比例代表併用制」、日本の制度が、「小選挙区比例代表並立制」といい分けられているのは、そのためです。いずれにせよ、日本の現行の制度では、衆議院議員の定数四八〇のうち、三〇〇が一人一区の選挙区から選出され、残りの一八〇が全国を一一のブロックに分けた地域から比例代表選挙で選ばれます。

これに対して、日本の参議院議員の選挙制度も、比例代表制と選挙区選挙制の並立型（選挙区比例代表並立制）ですが、比例代表選挙（九六人、三年ごとの半数改選）が全国を区域として行われ、選挙区選挙（一四六人、三年ごとの半数改選）が都道府県を区域として行われるところが、衆議院議員選挙の場合と異なります。加えて、参議院の選挙区選挙の選挙区は、一人区（三七）、二人区（一五）、三人区（四）、四人区（二）の混合型です。

このような日本の選挙制度と似ているのが、韓国の制度です。韓国は一院制ですが、韓国国会議員の選挙は、一人一区比例代表並立制で行われ、現行の定数二九九のうち、二四三が一人一区で、他の五六が比例代表制で選出されます。

3　現実の中の選挙制度

一人一区制か比例代表制かだけではなく、選挙制度は、その他のいろいろな点で国ごとに異なっています。

たとえば、Ⅱ－1や本章の4で触れているように、選挙権年齢は、欧米の国々では、一九六〇年代末以降、相ついで一八歳に引き下げられてきましたが、日本では、一九四五年以来二〇歳選挙権が維持されて今日に至っています。また、被選挙権年齢については、イギリスの下院議員は二一歳ですが、アメリカでは、連邦上院議員と下院議員の場合、それぞれ三〇歳、二五歳で、大統領の被選挙権年齢は、三五歳です。これに対して、日本の公職者の被選挙権年齢は、衆議院議員、都道府県議会議員、市町村議会議員および市町村長の場合は二五歳、参議院議員と都道府県知事の場合は三〇歳です。

また、本章の5でも触れますが、欧米の選挙運動では、戸別訪問が自由ですが、わが国では、一九二五年の普通選挙法以来、一九五〇年から五二年までの間「候補者が、親族、平素親交の間柄にある知己その他密接な間柄にある者を訪問すること」が認められたのを例外として、戸別訪問は引き続き禁止されて現在に至っています。

しかし、選挙制度は、国ごとに違うだけでなく、社会の変化に伴って、時代によってもいろいろ変遷してきました。日本の公職選挙法は、従来の衆議院議員選挙法、参議院議員選挙法とともに地方選挙に関する諸法令を統合して、わが国の国会議員、地方自治体の長および議会の議員の選挙の実施に関する基本的ルールを定めた法律として一九五〇年に制定されましたが、現在までの五〇年余りの間におよそ一五〇回の改正がおこなわれてきました。その中のかなりの部分を占めるのが、社会の変化に対応するための改正で、最近の改正の中に含まれるのが、投票時間の延長（一九九七年）、不在者投票事由の緩和等（一九九七年）、在外選挙の実現（一九九八年）などです。

まず、一九九七年の二つの改正によって、投票時間は、一八八九年の最初の衆議院議員選挙法から一貫して朝七時から夕方六時までとされてきたのが、二時間延長されて午後八時までとなり、また不在者投票のための事由が大幅に緩和されて、レジャーやショッピングなども認められ、同時に従来朝八時半から夕五時までであった不在者投票の時間が三時間延長されて、午後八時までとなりました。

これらの二つの改正は、とりわけ都市有権者の生活スタイルの変化に対応するものでしたが、在外選挙法と通称される一九九八年の公職選挙法改正は、国際化の進展に伴う海外在留邦人の増加に対応するもので、これによっておよそ六〇万人の海外在住有権者が、二〇〇〇年六月の総選挙から、国政選挙（当分の間、衆参比例代表選挙のみとされたが、二〇〇五年の公職選挙法改正により、この制限は撤廃された）に参加できることになりました。

また、有権者の大規模化と情報化社会の進展を背景にして二〇〇一年に国会で制定されたのが、「地方公共団体の議会の議員及び長の選挙に係る電磁的記録式投票機を用いて行う投票方法等の特例に関する法律（電子投票法）」で、これによって、地方自治体の議会の議員や首長の選挙に電子投票を導入することが可能になりました。

このようにして、選挙制度は、国によっていろいろな点で異なっていますし、また時代の変化に応じてさまざまな改革がなされてきました。しかし、選挙制度を適切な視野の中におくためには、さらに、それぞれの国の現実の社会的文脈の中での選挙制度の効果の違いや制度の運用の違いにも目を向けなければなりません。ここでは、この関連で三つの点について指摘しておきたいと思います。

一つは、一人一区制と人口の全国的な集中・分散の関係です。アメリカの連邦下院とわが国の衆議院の一人一区制の選挙区割りは、それぞれ一〇年ごとの国勢調査の結果に基づいて、まず、アメリカでは州に、日本では都道府県に人口に比例して定数が配分され、ついで、一票の重さが等しくなるようにそれぞれの州や都道府県での選挙区の区割りがおこなわれます。その作業が、一人一票（one person, one vote）から一票一価（one vote, one value）へというデモクラシーの発展を志向するものであることは、いうまでもありません。

問題は、この作業の結果による代表の全国的な均衡如何です。アメリカの場合、人口の全国的な分散度が高いので、代表は、全国的に程好く均衡がとれているといっていいでしょう。二〇〇〇年の国勢調査の結果に基づく各州への連邦下院議席再配分によると、西部のカリフォルニア州は一議席増えて五三議席（総議席の一二・二％）、南部のフロリダ州とテキサス州でそれぞれ二議席増えて、二五議席、三二議席で、両州合わせて五七議席（一三・一％）、東部のニューヨーク州とペンシルベニア州は、それぞれ二減で、二九議席、一九議席、それに変動なしのマサチューセッツ州の一〇議席を合わせると五八議席（一三・三％）、さらに中西部のイリノイ州、オハイオ州、ミシガン州は、いずれも一減の一九、一八、一五議席、合計五二議席（一二・〇％）で、これらの四セクションの中心的州での下院議員数は、拮抗しています。

ちなみに、アメリカの連邦上院議員と下院議員は、州から選出されますので、いずれの州にも属さない首都ワシントン（二〇〇〇年の人口・五七万人）は、上院議員も下院議員ももっていません。連邦議会が、首都ワシントンに対して下院に投票権をもたない代議員一人を送ることを認めたのも、ようやく一九七〇年のことでした。

これに対して、東京首都圏への人口集中度がいちじるしく高いわが国では、全国的にみて、代表が不均衡的に東京首都圏に偏り、その傾向がさらに進行中です。現在、東京(二五議席)、埼玉(一五議席)、千葉(一三議席)、神奈川(一八議席)の一都三県の一人一区から選出されている衆院議員は、合計七一人です。つまり、四人に一人の一人一区選出議員は、東京圏出身ということになります。

選挙制度の運用上で国ごとに大きく異なる一つは、選挙がおこなわれる頻度です。アメリカの連邦議会の上院、下院には解散がなく、下院議員の任期は二年で、上院議員の任期は六年で二年ごとに三分の一が改選されますが、両院議員選挙は同日におこなわれます。また、四年ごとの大統領選挙も、両院議員選挙と同時におこなわれますので、アメリカの連邦選挙は、二年ごとに、西暦偶数年の一一月の第一月曜日の翌日を投票日としておこなわれることになります。

これに対して、イギリスでは、上院が貴族院ですから、国政選挙は、下院議員選挙だけということになります。そして、下院議員の任期は五年ですが、解散がありますので、一九四五年以降についてみますと、総選挙は、平均して三年九ヶ月の間隔でおこなわれてきました。一九七四年一〇月総選挙以降だけについてみると、選挙間間隔はかなり長くなって、二〇〇五年五月総選挙までの三一年間におこなわれた総選挙は八回で、平均して四年四ヶ月に一回の間隔で総選挙がおこなわれてきたことになります。

さらに、国レベルの有権者の直接選挙が連邦議会選挙だけのドイツでは、一九四九年八月に西ドイツの第一回連邦議会選挙がおこなわれ、二〇〇五年九月に第一六回選挙（第五回統一ドイツ総選挙）が実施されました。平均して、三年九ヶ月に一回の総選挙ということになります。

これに対して、わが国の国政選挙の頻度は、格段に高いことが注目されます。第二次大戦後の一九四六年四月におこなわれた戦後第一回の衆議院議員総選挙から、二〇〇五年九月の衆議院議員総選挙までの間に、総選挙が二三回、通常選挙が二〇回（ただし、一九八〇年と八六年は、衆参同日選挙）おこなわれてきました。選挙間隔は、平均して一年六ヶ月です。

選挙制度の運用上で国ごとに大きく異なるもう一つは、同日選挙の有無です。選挙の頻度に関連して、アメリカの連邦選挙がすべて同日選挙でおこなわれることについて触れましたが、公選議員から成る二院制の国の多くは、上院議員と下院議員の選挙を同日選挙でおこなっています。オーストラリアでは、一九七四年から二〇〇四年までの三〇年間に一三回の総選挙がおこなわれましたが、これらの選挙は、上下両院の同時解散によって、あるいは上院議員の任期満了に伴って、すべて上下両院同日選挙で実施されてきました。そのほか、ベルギー、スペイン、イタリア、スイスなどでも、最近の上院議員、下院議員選挙は、同日選挙でおこなわれています。

これに対して、スウェーデン、デンマーク、フィンランド、ギリシャなどの国は、一院制ですから、同日選挙はありえません。また、本章の2で触れたように、たとえ二院制であっても、イギリスの上院は貴族院であり、フランスの上院議員は間接選挙で選ばれ、ドイツの上院議員は州政府の任命によって決められますので、やはり同日選挙はありえません。

要するに、世界で二院制を採用している国で、両院の議員が公選制である場合、同日選挙がおこなわれるのがむしろ普通といっていいのですが、わが国では、衆院総選挙と参院通常選挙は、投票日を異にしておこなわれるのが通例で、これまでに衆参同日選挙が実施されたのは、一九八〇年と八六年の二回だけです。しかも、この同日選挙に対して、わが国の憲法学者、政治学者、政治評論家などの間で、民主政治や憲法の原理との関連から批判的な意見が噴出しました。日本独特の風景というべきかもしれません。

もっとも、わが国で現在同日選挙が現実上可能かというと、それは別問題です。とにかく、同日選挙がおこなわれた一九八〇年、八六年と今とでは、選挙制度が大きく異なっています。まず、八〇年には、参院選にまだ比例代表選挙は導入されていませんでした。参院選への比例代表選挙の導入は、八三年参院選からです。さらに、八六年同日選挙後一〇年を経た九六年から、衆院選に小選挙区比例代表並立制が導入され、八六年当時拘束名簿式であった参院の比例代表選挙は、二〇〇一年選挙から非拘束名簿式に変わりました。こうして、今日の衆参同日選挙では、最高裁判所裁判官国民審査を加えて、五種の選挙が同時におこなわれることになります。

しかも、一九八六年当時八六四三万人であった有権者は、二〇〇四年参院選の際には一億二五〇〇万人にのぼり、現在の人口推計によると、次の参院選がおこなわれる二〇〇七年の有権者数は、一億三九六万人に達すると見積もられます。一九八六年の有権者数の二割増です。

このような条件の下での同日選挙の実施が選挙の管理執行上、一九八〇年、八六年当時とは比較にならない程のきわめて大きな困難を伴うものであることは、疑うべくもないでしょう。

4 投票参加と不参加の間

ところで、デモクラシーの発展を目指して選挙制度にいろいろ工夫をこらしても、有権者が実際に投票に参加しなければ、選挙は成り立ちません。

アメリカ南部のミシシッピー州にセンタービルという市がありますが、一九九三年の市議会議員選挙で、ある選挙区（この市の市議会議員選挙は、一人一区制）で候補者が一人だけでした。日本ですと、この場合、この候補者が無投票当選ということになりますが、ミシシッピー州の州法には無投票当選という制度はなく、当選には一人以上の支持投票が必要です。ところが、投票日当日にだれも投票所に来ませんでした。候補者が一人だけですから、もう当選者は決まりだとみんな考えてしまったからです。候補者自身も用事があって棄権してしまいました。結局、選挙は一週間後にやり直しになりました。

選挙は、「デモクラシーのゼンマイ巻き」といわれますが、投票に行ってゼンマイを巻かなければ、代表制デモクラシーは動きません。わが国の無投票当選にしても、対立候補が出馬しない事態を候補者に対する有権者の信任投票と解するという了解に基づくと考えるべきでしょう。

いずれにしても、今日の代表制デモクラシーは、いうまでもなく、一般に納税額にかかわりなく、ある一定の年齢以上の国民が、男女の別なく一様に選挙権をもつ男女平等普通選挙権の上に成り立っています。日本の選挙権年齢は、一九四五年一二月の衆議院議員選挙法改正によって、それまでの二五歳から二〇歳に引き下げられて現在に至っていますが、欧米の国々では、一九六〇年代末から七〇年代にかけての時期に相ついで選挙権年齢が一八歳に引き下げられました。

表Ⅲ-3　18歳選挙権の成立

成立年	国
1969	イギリス
1970	カナダ
1971	アメリカ
1972	ドイツ、オランダ、フィンランド
1973	オーストラリア
1974	フランス、スウェーデン
1975	イタリア
1977	スペイン
1978	ノルウェー、デンマーク
1981	ベルギー
1982	ギリシャ

Ⅱ-1で触れたように、このような選挙権年齢の引き下げが、デモクラシーの大規模化の一因であったのですが、最近のデモクラシーの大問題の一つは、国民の中の七割から八割を占め、大規模化した有権者のうち、選挙で投票しない者がきわめて多数にのぼるということです。最近のアメリカ大統領選挙での投票率は、五〇%前後にすぎませんし、一九五〇年以降の半世紀間にわたって七〇%を下まわることのなかったイギリス総選挙での投票率も、二〇〇一年総選挙では、五九・四%にまで下降しました。

事態は、日本においても同様です。日本の総選挙史は、およそ四つの時期に区切ることができます。第一期は、一八九〇年の第一回総選挙から一九二四年までの男子普通選挙実現前の時期で、この間に一五回の総選挙がおこなわれました。投票率は、最高が第一回総選挙での九三・九一％、最低が一八九八年総選挙での七九・九一％で、平均は、八八・二六％です。

第二期は、一九二八年総選挙から第二次大戦中の一九四二年総選挙までの男子普通選挙制の下での時期で、この間に六回の総選挙がおこなわれ、投票率は、最高が一九三〇年の八三・三四％、最低が一九三七年の七三・三一％で、平均は、八〇・〇八％でした。

第三期は、女性参政権が実現し、選挙権年齢が二〇歳に引き下げられた第二次大戦後の選挙制度の下での一九四六年総選挙から、五五年体制の崩壊を導いた一九九三年総選挙までの時期で、一九回の総選挙がおこなわれました。投票率は、最高が一九五八年の七六・九九％、最低が一九九三年の六七・二六％で、平均は七二・二三％です。

そして、第四期は、五五年体制崩壊後の一九九四年に導入された小選挙区比例代表並立制の下での一九九六年総選挙以降の時期で、二〇〇五年までに四回の総選挙がおこなわれました。これらの四回の総選挙の平均投票率は、六二・三三％で、これらの四回のうち三回の投票率は、いずれも日本の総選挙史上最低の部類に属します。一九九六年総選挙での五九・六二％は史上最低、二〇〇三年総選挙での五九・八一％はそれに次いで低く、二〇〇〇年総選挙での六二・四五％は、最低三位に位置します。

要するに、これらの四期についてみると、時代を下るにつれて投票率がおよそ一〇ポイントずつ下

表Ⅲ-4　日本の総選挙

総選挙回次	投票日	有権者数	投票率（%）
1	1890年 7月 1日　（火）	450,852	93.91
7	1902年 8月10日　（日）	982,868	88.39
14	1920年 5月10日　（月）	3,064,590	86.73
16	1928年 2月20日　（月）	12,405,056	80.36
22	1946年 4月10日　（水）	36,878,420	72.08
23	1947年 4月25日　（金）	40,907,493	67.95
24	1949年 1月23日　（日）	42,105,300	74.04
25	1952年10月 1日　（水）	46,772,584	76.43
26	1953年 4月19日　（日）	47,090,167	74.22
27	1955年 2月27日　（日）	49,235,375	75.84
28	1958年 5月22日　（木）	52,013,529	76.99
29	1960年11月20日　（日）	54,312,993	73.51
30	1963年11月21日　（木）	58,281,678	71.14
31	1967年 1月29日　（日）	62,992,796	73.99
32	1969年12月27日　（木）	69,260,424	68.51
33	1972年12月10日　（日）	73,769,636	71.76
34	1976年 1月25日　（日）	77,926,588	73.45
35	1979年10月 7日　（日）	80,169,924	68.01
36	1980年 6月22日　（日）	80,925,034	74.57
37	1983年12月18日　（日）	84,252,608	67.94
38	1986年 7月 6日　（日）	86,426,845	71.40
39	1990年 2月18日　（日）	90,322,908	73.31
40	1993年 7月18日　（日）	94,477,816	67.26
41	1996年10月20日　（日）	97,680,719	59.62
42	2000年 6月25日　（日）	100,492,328	62.45
43	2003年11月 9日　（日）	102,306,684	59.81
44	2005年 9月11日　（日）	103,067,966	67.46

第41回以降は比例代表選挙の有権者数・投票率
資料：総務省自治行政局選挙部

降してきたことになりますが、とくに第四期における投票率の不振は際立っています。この第四期においては、参院通常選挙での投票率はさらに不振で一九九五年には、四四・五〇％という日本の国政選挙史上の最低の投票率が記録され、九五年から二〇〇四年までの四回の参院通常選挙での投票率の平均は、五四・〇七％にすぎません。

　ところで、投票率には、年齢別、男女別、都市農村別などで違いがあります。年齢別では、二〇歳代前半で一番低く、その後年齢の上昇とともに高くなり、六五―六九歳の年齢層でピークに達し、その後はまた下降に転じます。二〇〇三年総選挙の場合ですと、二〇―二四歳の年齢層で三二・三九％であった投票率は、六五―六九歳の年齢層で最高の七九・〇九％を

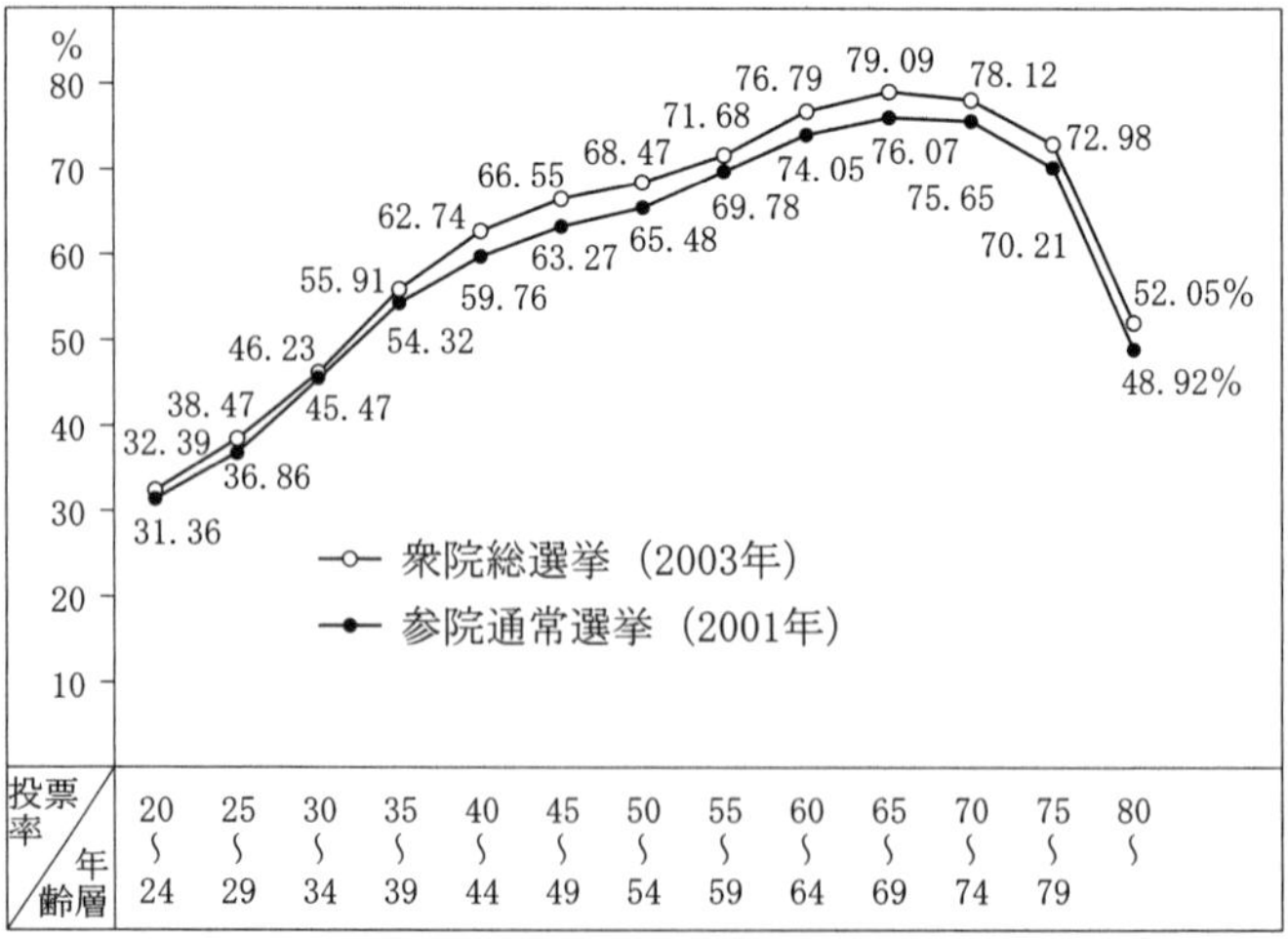

図Ⅲ-1　年齢層別投票率

資料：総務省自治行政局選挙部

記録しました。この二つの年齢層の投票率には、二倍以上の開きがあります。

男女別ですと、総選挙の場合、一九六九年に投票率で女性が男性を上回ってから、二〇〇五年まで引き続く一二回の総選挙で一貫して女性優位が続いてきました。二〇〇五年総選挙での投票率は、男六六・八〇%に対して、女六八・一八%（小選挙区）です。また、参院通常選挙では、総選挙の場合より一年早い一九六八年に女性の投票率が男性を上回りましたが、その後二〇〇四年までの一二回の通常選挙で、一九九五年と二〇〇四年の二回を除き、投票率で女性が男性を上回ってきました。

もっとも、女性の投票率が男性を上回っているといっても、総選挙で差が一番開いたのは、一九九〇年の二・六八ポイントで、通常は一ポイント前後の差ですから、あまり大きな意味はないと考えられるかもしれません。しかし、ここで見落としてはいけないのは、有権者の中で女性が男性より三〇〇万人余り多いので、わずかの比率でも女性の投票率が男性を上回れば、選挙結果への影響力の点で、女性の優位がさらに強められるということです。

都市と農村とでは、投票率で農村が都市を上回ります。一九五三年から二〇〇三年までの一八回の総選挙で、町村部の投票率が、一貫して市区部を一〇ポイント前後上回ってきました。一番差が大きかったのは、一九七九年総選挙のときで、この総選挙での投票率の差は、一四・八四ポイントでした。二〇〇三年総選挙では、市区部の投票率五八・二〇%に対して、町村部の投票率は六六・二二%（小選挙区）で、その差は八・〇二ポイントでした。

いずれにしても、ここでの基本的な問題は、投票率の低さです。そして、それとの関連で投票率の年齢別、男女別、都市農村別の違いの理由が問題になっています。

投票率の低下の問題にいち早く目を向けたのは、二〇世紀の新しい政治学の開拓者的役割を演じたシカゴ大学のチャールズ・E・メリアム（一八七四―一九五三）でした。メリアムは、一九二三年四月のシカゴ市長選挙の直後に政治学史上最初の棄権者調査を実施したのです。この選挙での投票率が四九・三％で五割に達しなかったことをメリアムは深刻に受け止め、その原因を究明する必要があると考えたのでした。

実は、その三年前の一九二〇年にアメリカで女性参政権が実現し、その年の一一月の大統領選挙で、女性有権者がはじめて全米で投票参加する機会をもったのですが、投票率は、四年前の一九一六年の大統領選挙の際の六一・八％から一〇ポイント余り下がってしまい、五割を切る四九・三％にとどまってしまいました。女性参政権の確立を一つの柱とするデモクラシーの発展を目指す運動で指導的な役割を演じていたメリアムにとって、投票率が連続して五割に達しないという事態が、期待を大きく裏切るものであったことは、想像に難くありません。

このような背景で実施されたメリアムのシカゴ棄権者調査は、六〇〇〇人の棄権者についての面接調査を軸にするものでしたが、その調査結果から明らかになったのが、棄権の最大の要因が政治的無関心ということで、棄権者の四分の一は、「一般的無関心」をその理由に挙げました。本章の1で、ジェームズ・ブライスが、平均的人間がその生活上のさまざまな側面に寄せる関心の中で、社会における市民的義務への関心が一番低いと述べていることについて触れましたが、メリアムの調査結果は、いわばこのブライスの観察を裏づけたともいえるでしょう。また、「政治的無関心」を現代デモクラシーの最重要課題として提起したのも、このメリアムの調査結果でした。

興味深いことに、このメリアムのシカゴ調査から六年後の一九二九年東京市（東京府、東京市を廃し、東京都制が実施されたのは、一九四三年七月）統計課が、日本で最初の棄権者調査をおこないました。この年の三月に男子普通選挙制の下での最初の東京市会議員選挙が実施されましたが、東京市当局は、この選挙での投票率が六九・八％で、制限選挙制の下での前回選挙のときより一〇ポイント近く下がったという事態を重く受けとめ、調査によってその原因を突きとめようとしたのです。この調査は、面接法によってではなく、選挙人名簿その他の関係文書が提供する情報をもとにしておこなわれましたが、その検討結果から明らかになってきた一つが、投票所への距離と棄権率の相関関係でした。投票所への距離が遠くなればなるほど、有権者の投票所への足が遠のくということです。

要するに、メリアムのシカゴ調査は、政治意識と棄権の関係に人々の注意を喚起し、東京市統計課の調査は、制度と棄権の関係について問題を提起したわけですが、これらの二つの要因と棄権との関係は、その後のさまざまな調査で再確認され、市民の政治教育の推進、投票所の増設といった対策が講じられてきました。しかし、棄権を生んでいる理由は、これだけに限りません。棄権はさらに、有権者の移動・流動、選挙競争のはげしさ、天候などとも関連しています。

　実際に、有権者の移動率の高さと棄権との密接な連関は、否定できません。棄権者が、男性有権者、若年層、都市有権者の間で多い理由の一つは、これらの有権者の移動率の高さにあるとみていいでしょう。二〇〇〇年国勢調査の結果によると、調査時の直前の一年間の移動率は、女性の七・六％に対して、男性は八・三％で、年齢層では、移動率が一番高かったのは、二五―二九歳の年齢層で一七・二％、次いで二〇―二四歳の一四・九％でした（**図Ⅲ-2**参照）。

　また、都市と農村とでは、都市の住民の移動率が高いことは、いうまでもありません。このことは、二〇〇〇年国勢調査前の五年間の他県からの転入者（五歳以上）の割合がもっとも高

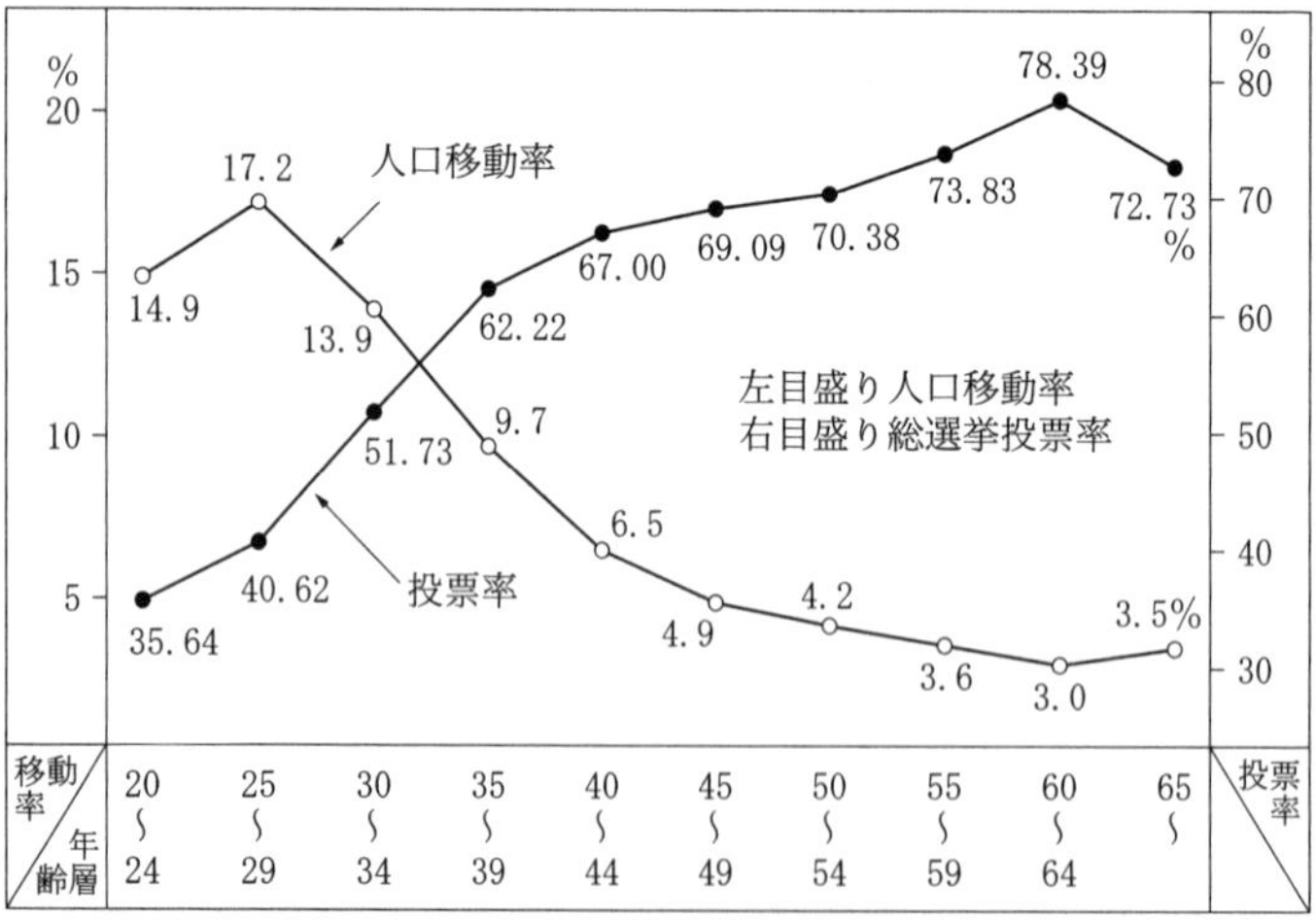

図Ⅲ-2　人口移動率と投票率（2000年）

資料：総務省統計局編『我が国人口の概観』日本統計協会、2002年および自治省選挙部編『平成12年6月25日執行衆議院議員総選挙・最高裁判所裁判官国民審査結果調』2000年

かったのは、東京都(一〇・七%)、千葉県(九・四%)、神奈川県(九・三%)、埼玉県(八・七%)で、もっとも低かったのは、北海道(三・三%)、新潟県(四・一%)、秋田県、沖縄県(四・三%)であったことから端的にうかがうことができるでしょう。

とにかく、転勤などで移動する有権者は、三ヶ月以上移動先の市区町村の住民基本台帳に登録されてはじめて選挙人名簿に登録され、投票日にその移動先で投票日に投票することができると定められていますので、この条件を満たさない場合、国政選挙に当たって、不在者投票の制度によって投票しなければなりません。この「手間」が、移動族の投票参加にマイナスに作用することは、現実の問題として否めないでしょう。他方で、力が拮抗した候補者が激突する選挙では、加熱する選挙戦が、有権者の投票参加を刺激することになるでしょうし、逆に、厳寒、酷暑、荒天などの天候上の悪条件が、有権者の出足を鈍らせることになるのも、避けられないでしょう。

また、政治意識については、選挙が頻繁に連続する場合の有権者の「選挙疲れ」といった側面も無視できません。この点で注目されるのは、一二年ごとの亥年に統一地方選挙の三ヶ月後におこなわれる参院通常選挙で、投票率がきまっていちじるしい不振に陥ることです。四四・五二%という日本の国政選挙史上最低の投票率が記録されたのは、亥年の一九九五年の参院通常選挙でのことでしたし、その一二年前の亥年の一九八三年参院通常選挙での投票率五七・〇〇%は、それまでの国政選挙での最低記録でした。

制度と投票率の関係については、さらに投票時間、不在者投票制などとともに、任意投票制・義務投票制の違いにも目を向ける必要があるでしょう。日本やアメリカ、イギリスなど大半の国々では、投票するかどうかは、有権者個人の任意にまかせられています（任意投票制）が、世界の国の中には、投票を有権者の義務とする考えに立って、棄権者に対して罰金を科するとか、選挙人名簿から名前を削除するなどの制裁処置を講じているところがあります。そして、このような義務投票制を実施しているオーストラリアやベルギーの選挙では、投票率がつねに九〇％を上回っています。

わが国でも、最近の投票率の不振に照らして、義務投票制の導入がたびたび話題になってきましたが、現在のところ、導入に消極的な意見が一般的とみていいでしょう。義務投票制による投票の自由の侵害、投票の形式化・形骸化などへの危惧が大きいからです。ちなみに、一九一七年に義務投票制を導入したオランダは、一九七〇年に任意投票制に戻ってしまいました。

5　選挙過程の中の有権者

ところで、一般の有権者の選挙とのかかわりというと、投票参加だけと考えがちですが、実際には、有権者は、選挙過程のさまざまな段階で選挙に参加しています。その一つが、選挙運動への参加にほかなりません。わが国では、戸別訪問は認められていませんが、有権者は、支持する候補者のために、候補者の演説会で応援演説をしたり、選挙運動用ポスターを貼ったり、選挙運動用ビラやマニフェスト文書を街頭演説の場所や演説会場内で配ったりの応援活動を通じて、選挙に参加することができます。

なお、欧米の選挙では、従来、一般の有権者がボランティアで候補者のためにおこなう戸別訪問運動がさかんでしたが、現在では、市民の生活スタイルの変化によって昼間に留守の家が多く、また戸別訪問が事故を誘発するおそれへの懸念の高まりもあり、選挙運動の中での戸別訪問の比重は下降線をたどっているとみていいでしょう。そして、戸別訪問の比重の低下をさらに加速しているのが、最近テレビ選挙やインターネットによる選挙運動の発展です。

有権者はまた、選挙運動が公正適切に進められ、有権者の投票参加が道義にもとることなく、積極的におこなわれるように日常的に啓発活動に取り組むとともに、選挙運動期間中には、明るく、正しい選挙の実現への監視役をつとめます。わが国で現在、このような運動の中核組織として活動しているのが、一九五二年設立の公明選挙連盟と六五年設立の明るく正しい選挙推進全国協議会（七四年に明るい選挙推進協議会と改称）が、七六年に合併して設立された財団法人・明るい選挙推進協会ですが、傘下に会員組織として全国の市区町村のおよそ八五％（二〇〇〇年現在）に設立されている明るい選挙推進協議会があり、一二万人余りの有権者が、「明るい選挙推進委員」として、この運動に参加しています。

さらに、有権者は、投票立会人や開票立会人として、選挙の管理に参加します。現行の公職選挙法は、各投票所に二人以上五人以下の投票立会人を、各開票区ごとに一〇人以下の開票立会人をおくと定めていますが、これらの立会人はいずれも、投票や開票が公正におこなわれるように監視役をつとめることを任務としています。二〇〇四年参院通常選挙のおりの投票立会人と開票立会人の数は、全国でそれぞれ一三万五三二七人、二万三四五一人で、一投票所当たりの投票立会人数は、平均二・五人、一開票所当たりの開票立会人数は、平均三・七人(比例代表)、三・五人(選挙区)でした。

ちなみに、投票立会人と開票立会人には、費用弁償として、一日につきそれぞれ一万八〇〇〇円、八九〇〇円が支払われることと定められていますが、実際には、各市町村がこれに上乗せした額を支払っている例が多いようです。たとえば、東京都調布市の場合、費用弁償額は、投票立会人も開票立会人も同額で、一万三〇〇〇円です。

IV　現代デモクラシーの生命線としての政党

1　政党観・昔と今

半世紀前の一九五六年に、政党の比較政治学研究の草分け的位置を占める『現代の政党』の編者として、シグマンド・ノイマン（一九〇四―六二）は、その序章を「政党は、現代政治の生命線である」と書き始めています。ノイマンはまた、「政党の比較研究へ向けて」と題する同書の終章では、「政党制の生育力は、社会・政治秩序の安定性をはかる試金石」であるとし、「政党の運命と国全体の運命の相互依存関係」を論じました。たしかに、現代デモクラシーは、政党抜きでは考えられません。しかし、政党が、一般にこのような積極的評価を受け、実際に、民主政治の最重要の担い手としての地位を占めるようになったのは、ようやく二〇世紀に入ってからといっていいでしょう。

よく知られたことですが、アメリカの初代大統領ワシントンは、二期八年の任期をつとめ、退任を間近にひかえて公にした「告別の辞」の中で、党派精神の有害な影響について注意を喚起し、こう論じました。

「党派精神は、つねに公的議会を混乱させ、行政府を弱体化させるように働く。党派精神は、いわれのない嫉妬やいつわりの警告によって社会を扇動し、社会の一部の人々に対する他の人々の憎悪心をあおり、ときとして反乱や暴動を誘発する。」

このワシントンの政党観は、当時のアメリカの指導的政治家たちによってひろく共有されていた反政党主義を背景にしていましたが、このような政党観は、アメリカに限られていたわけではありません。なるほど、ワシントンの「告別の辞」の二一年前に、イギリス下院でおこなった演説で、エドマンド・バーク（一七二九―九七）は、「政党は、自由国にはつねに存在しなければならない」と論じ、自由主義と政党との密接な結びつきを指摘しました。しかし、このような見方は、およそ例外的であったのです。一九世紀末から二〇世紀初頭期にかけてのアメリカで政党研究の先導者的役割を演じたハーバード大学のローレンス・ローウェル（一八五六―一九四三）は、『イギリスの政治』（一九〇八年）の中でこの点に触れて、こう書いています。

「一八世紀には、だれ一人として今日存在するような政党政治を予見しなかった。バークのような希有の人だけが、非難抜きで政党について語ることができたのである。政治哲学の大半の著作者たちの場合には、政党は、よき秩序や公共の福祉を破壊するものと考えられていた。」

そして、ワシントン大統領の時代から一〇〇年を経た一九世紀末から二〇世紀初頭にかけてのアメリカで活発に展開されたのが、革新主義運動として知られる市民運動でしたが、この運動の中で批判の矢面に立った一つが、政党でした。政党は、政治腐敗の元凶だとみなされたのです。そのような動きの中で導入されたのが、あちこちの州や都市の選挙で、候補者が所属する政党名を名乗ることを禁じる無党派選挙制でした。

このアメリカの革新主義時代と重なるのが、日本の国会開設前後期ですが、この時期の日本で勢威をふるったのが、日本版の反政党主義としての超然主義にほかなりません。その立場で指導的論陣を張ったのが、一八八九年二月一一日の大日本帝国憲法発布の翌日に地方長官を東京に集めておこなった演説で、「政府は常に一定の方向を取り、超然として政党の外」に立つことを論じた内閣総理大臣・黒田清隆や、その数日後に府県会議長を官邸に集めておこなった演説で、「議会政府即ち政党を以て内閣を組織せんと望むが如き、最も至険の事たるを免れず」と断じた枢密院議長・伊藤博文でした。

そして、超然主義者は、政界内の指導者たちだけに限られていたわけではありません。政界外にも、この立場に呼応する論者は、数多く存在しました。その一人が、一八八三年に『政党弊害論』を著して、「党派心は、畢竟一時の権謀を知って遠大の治術に通ぜざるものなり」と説いた千賀鶴太郎です。千賀は、その一六年後の一八九九年の京都帝国大学法科大学発足に当たって、これに参画した五教授の一人でした。

しかし、一九世紀末から二〇世紀初頭にかけての時期は、政党についての見方が大きく変わる転換期でした。アメリカでは、反政党主義の鬨《とき》の声が各地であがる中で、民主政治における政党の意義を力強く説得力をもって説く政治学者が登場してきました。その代表の一人が、先程名前を挙げたローレンス・ローウェルです。ローウェルは、一八九七年にハーバード大学の非常勤講師になり、一九〇〇年に専任の政治学教授に就任しましたが、講師に招かれる前年の一八九六年に『ヨーロッパ大陸における政府と政党』という著作を書き、こう論じました。

「政党こそは、公的生活の主要な動力を提供している。」

このローウェルと親交のあったのが、イギリスの政治学者、政治家で、一九〇七年から一三年にかけては駐米大使をつとめたジェームズ・ブライス（一八三八—一九二二）で、政党と民主政治の関係について、二人は、ほぼ同じ考え方をとっていました。ブライスの政党観を端的に示しているのは、一九二一年に著した『現代民主諸国』の中での「そもそも、政党は不可避である。自由な大規模国で、政党なしでやってきた国はない。代議政治が政党なしでどのようにして作動可能であるかを示してきたものは、だれ一人いない」という一節です。

ブライスは、この本が刊行された翌年の一九二二年に亡くなりましたので、この本はブライスのいわば「白鳥の歌」でしたが、没後の翌一九二三年に「私の先達であり、助言者であり、また友人であったブライス子爵の霊に捧ぐ」の献辞とともに出版された『戦時と平時における世論』の中で、ローウェルは、ブライスとほぼ同じ言い回しで、政党と民主政治の関係について、こう述べています。

「善かれ悪しかれ、政党は、通常の状況の下では、大規模な民主国においてはどこでも不可避である。」

注目に値するのは、この時期にわが国でも、超然主義に真っ向から挑戦し、政党内閣の樹立を主張する論者が侮れない存在であったことです。そのような論者の一人が、東京専門学校（早稲田大学の前身）の最初期の政治学の中心であり、また一八八七年から九〇年末まで『読売新聞』初代主筆もつとめた高田早苗でした。この高田の考え方は、一八八九年に『憲法雑誌』に「政府政党の外に独立する能はず」と題して二回連載で掲げた論説で、次のように論じたところに明快に打ち出されています。

「余輩の確信する哲理的及歴史的の真理に照して、政党内閣の善美を主張する者なり。其遅速は暫く措き、善美の制度固よりこれを入るゝを要す、政府は永く、政党外に独立する能はず、独立せしむべからざる也。」

なお、この中で超然主義論者と政党内閣論者の間に割って入る形で論陣を張ったのが、一八九四年から一九〇一年まで東京大学で講師として政治学を講じ、一九〇三年には慶應義塾大学政治学科で政治学を担当した木場貞長（一八五九―一九四四）でした。木場は、一九〇一年一二月の雑誌『太陽』に「政党内閣の特性及其得失長短を論す」と題する論説を寄せ、こう論じています。

「余は政党内閣論と非政党内閣論とは政客の私争にして、国家大事の今日に於ては速に此争を水に流して其最も時勢に通し最も良政を行ひ得べき内閣に満足して政党内閣と非政党内閣を問ふことなく、国民能く一致して積極的経綸を行ふに至らんことを切望して止まぬのである。」

ちなみに、わが国における超然主義論者と政党内閣論者との間の論争は、同時代のアメリカでの政党論の動向と無関係ではありませんでした。超然主義に呼応する立場に立った千賀は、その『政党弊害論』について、「此書は米国人シーマン氏著す所の『ゼ、アメリカン、システム、ヲフ、ゴバーンメント』と題する書中に就き政党の弊害を論述したる部分を撮訳せる者なり」と注記して、自らの議論がアメリカの議論の直輸入であることを明らかにしています。

他方で、一九世紀から二〇世紀への変わり目の時期に、ローウェルの『ヨーロッパ大陸における政府と政党』の二種の邦訳が、相ついで出版されました。一つが、一八九九年に民友社から刊行された渡辺為蔵訳『欧洲大陸に於ける政府と政党』であり、もう一つが、一九〇三年に「早稲田叢書」の一冊として刊行された柴原亀二訳『政府及政党』です。超然主義が勢威をふるう中へ、肯定的政党観に立つローウェルの著作が二種の邦訳によってわが国の読者に紹介されたことの含意は、まずは自明のことといっていいでしょう。

いずれにしても、日本やアメリカでのこのような「政党の位置づけ」をめぐる論争から一世紀を経た今日、政党と民主政治の密接な結びつきは、ほとんど常識になりました。二〇世紀のアメリカ政治学界を代表する政党研究者として知られるE・E・シャットシュナイダー（一八九二―一九七二）が、一九四二年に公にした『政党政治論』を「政党は、現代政治の単なる付属物ではなく、現代政治の中心にあり、そこで決定的かつ創造的役割を演じている」と書き出しているところにうつし出されているのは、ほかならぬ今日的政党観です。

また、一九四九年に制定された西ドイツ基本法が、いわゆる政党条項をもち、ドイツ政治の中での政党の地位について、「政党は、国民の政治的意志形成に協働する。政党の設立は自由である」と定めたのも、このような現代民主政治における政党への評価を如実に反映するものでしょう。なお、一九七八年のスペイン憲法も、同様な政党観に立って、次のような政党条項を設けています。

「政党は、民主的多元主義を表現し、国民一般の意志の形成と表明に助力し、かつ政治参加の基本的手段となる。政党の設立とその活動の実践は、憲法と法律の遵守の範囲内において自由である。政党の内部構造と作用は、民主的でなければならない。」

わが国の場合、政党は、「憲法外」的存在ですが、一九九四年に成立し、九五年一月に施行された政党助成法が、「議会制民主政治における政党の機能の重要性にかんがみ、国が政党に対し政党交付金による助成を行う」と定めているところに色濃く刻印されているのは、まさしく今日的政党観です。

2　政党現象のお国ぶり

このようにして、現在では、民主政治と政党とは切り離せませんが、政党の実際のありようは、国ごとに決して同じではありません。E・E・シャットシュナイダーは、この点に触れてこう述べています。

「別々の時代に、また別々の場所で政党と呼ばれた組織は、実際上、基本的に同様ではないのに、現実の多様性に対応すべき十分な種類の言葉の欠如のゆえに、すべてが一様に政党と呼ばれてきた。このレッテルは、したがって多くの異なったものに付せられてきた。そこで、同じ名称で呼ばれているすべてのものは、同一のものであるにちがいないと考える怠惰な人々の性向から、混乱が生じてきたのである。」

実際に、ユニークさで際立っているのが、アメリカの政党です。このユニークさにいち早く注意を喚起したのが、ジェームズ・ブライスでした。ブライスは、一八八八年に著した『アメリカ共和国』の中で、「アメリカの民主、共和両党の原則、両党を分ける主義、傾向は何か」との問いに、アメリカ人から確たる答えがえられないというヨーロッパ人の戸惑いに触れていますが、一九一四年の新版では、一九〇八年にある著名なジャーナリストから聞いた次のようなアメリカ政党評を紹介しています。「二つの大政党は、二本のビンのようなものだ。それぞれのビンには、中に入っている酒の種類を示すレッテルがはってある。しかし、どちらのビンも空っぽなのだ。」ブライスは、一九二一年刊の『現代民主諸国』の中でも、「アメリカの二大政党は、レッテルはそのままでどんな酒でも入れられる空ビンになぞらえられてきた」と述べていますから、お気に入りのアメリカ政党評だったのでしょう。

ブライスが『アメリカ共和国』を書いたころは、イギリスでは、ディズレイリ、ソールズベリーの保守党とグラッドストンの自由党が相対峙して、議会主義の黄金時代が現出されていました。ジョン・スチュアート・ミル（一八〇六—七三）が、「政治においては、秩序ないし安定の政党と進歩ないし改革の政党が、政治生活の健全な状態にとってともに必要な要素だということは、とくに指摘するまでもない」と論じたのは、一八五九年に出した『自由論』においてでしたが、このような二つの異なった志向性をもった政党が、当時のイギリス議会政治の舞台で主役を演じていたわけです。また、一九〇〇年に労働代表委員会として発足し、一九〇六年に労働党と改称したもう一つの政党がイギリス政治の舞台に登場してきたのが、ブライスの『現代民主諸国』が刊行された時代の背景でした。このようなイギリス政党政治の動向に照らして、アメリカ政党政治の現実が、ブライスの目に奇異なものに映じたのも、無理はありません。

このブライスの時代から一〇〇年前後の歳月が流れましたが、二つの大政党が、政治的スペクトルの中央をはさんで相接近した位置を占め、しかも、二〇世紀に入って社会主義を標榜する政党が、主要政党の一角を占めるような発展を遂げたことがないという点で、アメリカ政党政治は、今日でも、世界の先進民主国の中でユニークさを失っていません。

より卑近なレベルで、シャットシュナイダーが指摘しているような「混乱」が生じかねない一つの例として挙げられるのは、「党員（party member）」です。アメリカ政治の本などに、“He is a Republican.”

といった文章があったりすると、日本の翻訳では、「かれは共和党員です」となっていることが、まれではありません。しかし、これでは、アメリカの政党についての誤解を生じてしまいます。

日本の場合、党員になるには、所定の手続きを経て入党が承認されなければなりません。自民党の場合ですと、入党を希望する者は、「党員二名の紹介により、所定の事項を記載した入党申込書を支部に提出し、その審査を経て、都道府県支部連合会の承認を受けなければならない」と定められていますし、入党が承認された後でも、審査委員会の審査の結果、入党が拒否されたり、取り消されたりすることもありえます（党則第九三条）。

ところが、アメリカの場合、事情はまったく違います。シャットシュナイダーが『政党政治論』を出したのと同じ年に、同じく名著として知られる『政治・政党・圧力団体』を著したのが、二〇世紀アメリカを代表する政治学者の一人で、シャットシュナイダーの後をうけてアメリカ政治学会会長（一九五七—五八年）をつとめたV・O・キイ（一九〇八—六三）でしたが、キイは、この本の中で、アメリカの投票者が「ドジャーズのファンが、自分たちのひいきを大っぴらにするのと同じ熱心さで、たぶん終生自分たちの党の候補者を応援し、その候補者に投票するだろう」と書いています。アメリカの有権者と政党との関係は、ひいきの野球チームとの関係と異ならないということでしょう。

とにかく、アメリカでは、ひいきの政党を自分で宣言すれば、それでparty memberです。つまり、“I am a Republican.”というのは、「私は共和党びいき、共和党支持です」といった意味です。キイは、こう説明しています。

「多くの州で、大政党のいずれかのメンバーになるには、投票者として登録する際に関係をもつことを望む政党を指定するだけでいい。政党のメンバーになる手続きは、よりきびしく組織されている集団への加入とは別物の問題である。党のメンバーになるのに、団体への入会での込み入った儀式を経ることはない。たいていの場合、かれは、自分の党の区や郡の委員長と顔見知りでもなく、名前も知らない。かれは、おそらくどんな方法においてであれ、自分の党にカネを出すことはない。党のメンバーになることによって、かれの肩にかかる特権と責任は、ごくわずかのものである。」

ちなみに、アメリカの作家ジョン・スタインベックの一九六二年の作品に『チャーリーとの旅』というのがありますが、その中に、「私が若かったころ、サンフランシスコの南一〇〇マイルのモンテレー郡では、だれもかれもがみな、リパブリカンだった。私の家族もリパブリカンだった」という一節があります。ここでのリパブリカンを「共和党員」と訳してしまったら、アメリカ政党政治についての誤解を招くことになってしまうでしょう。「共和党びいき」「共和党支持」と訳したいところです。

ところで、先程触れた、キイが政党と有権者の関係をドジャーズとファンの関係になぞらえ、「自分たちのひいきを大っぴらにする」と述べているくだりや、スタインベックの作品からの引用個所などからうかがえるのは、アメリカでは、近しい人々の間でお互いの支持政党が周知の事実だということでしょう。

この点では、イギリスの状況も似ています。イギリスでは、一九八五年の国民代表法の改正により、在外イギリス人が、下院議員選挙と欧州議会議員選挙で投票できるようになりましたが、この際、投票は、本人がするのではなく、イギリス国内在住の、あらかじめ依頼し、選挙登録官に届け出てある代理人（proxy）によっておこなわれます。こういった代理人投票の制度が可能なのは、友人同士などで互いに支持政党を知っている状況があればこそでしょう。ちなみに、代理人は、在外選挙人が登録されている選挙区に居住している必要はありません。その選挙区に居住していない場合には、代理人は、郵便で（by post）投票します。

これに対して、この点でのわが国の有権者の「政党支持」をめぐってのありようは、かなり違います。わが国では、支持政党は、普通プライバシーに属する問題と考えられ、友人同士どころか、家族の間でもお互いの支持政党を知らないといったことも決して稀ではないでしょう。

アメリカの政党のユニークさを際立たせているもう一つの点として注目に値するのは、「党首」をめぐる状況です。わが国の場合ですと、総裁（自民党）、代表（民主党、公明党）、議長（共産党）、委員長（社民党）と呼称は様々ですが、これらの党首が、それぞれ党の最高責任者として党運営を統括し、対外的に党を代表します。自民党の党則には、「総裁は、党の最高責任者であって、党を代表し、党務を総理する」（第四条）、「総裁は、別に定める総裁公選規程により公選する」（第六条）と定められています。

イギリスの政党についても、事情は変わりません。党首が党を統括し、総選挙での勝利に基づいて、政権を組織し、主導します。最近四〇年間の労働党の党首は、**表Ⅳ-1**の通りですが、これらの党首のうち、ウィルソン（一九六四―七〇、一九七四―七六年）、キャラハン（一九七六―七九年）、ブレア（一九九七年―）が、首相の座につきました。

このような日本やイギリスなどの政党の場合とまったく違うのが、アメリカの政党の場合です。実際に、アメリカの共和党や民主党には、日本やイギリスの政党の党首に相当する党の全体の統括者が存在しません。大統領は、行政府の長であって、連邦議会議員を直接的に影響下におく権限はありません。大統領を出していない政党についてみれば、事情はいっそうはっきりします。二〇〇四年の大統領選挙で共和党のジョージ・W・ブッシュ候補と争った民主党の候補は、ジョン・ケリーでしたが、ケリーが民主党の最高指導者であったというわけではありませんし、大統領選挙で敗れてからは、民主党には、共和党のブッシュ大統領に対応する指導者はいません。

また、連邦議会の運営をとりしきっているのは、上院では、多数党リーダーと少数党リーダーですし、下院では、多数党から選ばれる議長と多数党リーダー、少数党リーダーです。これらの多数党リーダーと少数党リーダーは、わが国では一般に院内総務と訳されていますが、多数党リーダーの役割は、

表Ⅳ-1　最近のイギリス労働党党首

1963～76	ハロルド・ウィルソン
1976～80	ジェームズ・キャラハン
1980～83	マイケル・フット
1983～92	ニール・キノック
1992～94	ジョン・スミス
1994～	トニー・ブレア

それぞれの議院で少数党リーダーと協議の上で議院の運営の段取りをつけることにあり、その権限は、他院の議員には及びません。

このような、アメリカの共和党や民主党には「党を代表」し、「党務を総理」する党首がいないといった事情を背景にしているのが、一九四七年に制定された大統領継承法でしょう。この法律は、大統領が死去したり、辞任したりした場合の後継順を定めているのですが、それによると、第一順位は副大統領、第二順位は下院議長です。そして、副大統領も下院議長も、党全体を統括する立場にはありませんし、下院議長は、下院の多数党から選ばれますから、大統領と同じ政党に属するとは限りません。

3 「政党とは何か」「政党の役割は何か」

このようにして、時代が違い、国が違いますと、政党現象は、そのありようがかなり違いますので、「政党とは何か」についての見方にも、当然に違いが出てきます。

エドマンド・バークが、政党について肯定的な立場をとった先駆者であったことについては、先程触れましたが、この立場からバークは、一七七〇年に公にした『現今の不満の原因についての考察』の中に次のような政党についての古典的定義を残しました。

「政党とは、自分たちの共同の努力によって、自分たち皆が同意しているなんらかの特定の原理の上に立って、国民的利益を増進するために結合した人々の組織団体である」

バークがここで、「特定の原理」を政党の成立の条件として挙げているところに投影されているのは、バーク自身がホイッグ党の下院議員として活躍していた一八世紀後半期のイギリス議会でのホイッグ党とトーリー党の対立であったことは、疑いのないところでしょう。当時のイギリス政治は、一九世紀に入って保守党と自由党に発展するトーリー党とホイッグ党によって、国教会派対非国教徒派、農村対都市、保守主義対自由主義といった対立を軸に展開されていました。

それから一七〇年余りを経て、このバークの政党定義に真っ向から異を唱えたのが、経済学者のジョーゼフ・A・シュンペーター（一八八三―一九五〇）です。シュンペーターは、デモクラシー論として名高い『資本主義・社会主義・デモクラシー』（一九四二年）の中で、政党を「その構成員が、政治権力をめざす競争的闘争において一致して活動することをもくろむ集団」であると定義し、「政党は、古典的学説（つまりエドマンド・バーク）がわれわれに信じこませようとしているような、『すべての者が一致しているなんらかの原理の上に立って』公共福祉の促進を意図する人々の集団ではない」と論じて、バークが重視した「特定の原理」を定義から排除しました。シュンペーターは、こう付言しています。

「もしそうでなければ、別々の政党が、完全に、あるいはほとんど完全に、同一の政策を採用することは不可能であろう。だが、周知のように、こういったことが起こっているのである。」

オーストリア生まれで、オーストリアの大蔵大臣、ドイツのボン大学教授を経てアメリカに渡り、一九三二年からハーバード大学教授をつとめたシュンペーターにとって、アメリカの共和、民主両党が、まさにイギリス人ジェームズ・ブライスにとってそうであったように、レッテルが異なるだけで中身は変わらない（あるいは空っぽの）二本のビンにみえたのも、無理はありません。

しかし、政党の定義がどうであれ、現代デモクラシーが政党を軸にして展開されていることが、先進民主国にとって共通の特徴であることに変わりはありません。その理由は、いうまでもなく政党が現代デモクラシーの運営にとって不可欠の役割を演じているからです。

一つは、大規模デモクラシーとの関連です。IIで触れたように、今日のデモクラシーは、人口増と普通平等選挙権の確立の結果として大規模化し、アメリカの大統領選挙は、現在二億人の有権者を相手にしておこなわれます。また、上院議員選挙は、全州一区でおこなわれますから、カリフォルニア州では、二〇〇〇万人を超える有権者に向かって選挙運動を展開しなければなりません。わが国でも、一九九九年に有権者が一億人を超えましたから、参議院の比例代表選挙では、この一億人の有権者に向かって支持を訴えなければなりませんし、衆議院の小選挙区選出議員選挙の場合でも、支持を求めて働きかけるべき有権者は、平均して三三万人にのぼります。

このような大規模デモクラシーの条件の下では、候補者が個人で選挙運動を効果的におこなうことは、不可能というべきでしょう。ここに政党の出番があります。政党は、大規模デモクラシーの下で、選挙のために候補者を選定し、その候補者の当選を目指して選挙運動の中心的担い手としての役割を演じます。

ちなみに、超然主義の大きな影響力を背景にしておこなわれた一八九〇年の第一回総選挙当時の有権者は四五万人で、このときの選挙制度は小選挙区制で、定数は三〇〇（一人区二一四、例外的に二人区四三）、一選挙区当たりの有権者数は、平均して一七〇〇人前後でした。この規模であれば、候補者が個人で選挙運動をおこなうことは、さして難しいことではなかったでしょう。

政党が現代デモクラシーの不可欠の要素になってきたもう一つの理由は、政治の積極化です。Ⅱで指摘したように、今日では、政治は、生まれてから死ぬまで国民の生活のほとんどありとあらゆる領域に及ぶようになりましたが、同時にそれは、政策の専門化・技術化を伴ってきました。ここで起こってきたのが、このような政治の量的・質的変化に直面して、政治家が個人ではもはや適切に対応できなくなるという事態です。

エドマンド・バークは、一七七四年の総選挙で当選した際、ブリストルの選挙民に向かって、後に下院議員を全国民の代表とみる考え方、「国民代表観」の好個の表現として位置づけられることになる演説をおこないましたが、その中の有名な一節で、バークは、こう論じました。

「諸君の代表者は、諸君に対して単に勤勉だけではなくて、判断をも捧げなければなりません。議会は、一つの利益、すなわち全体の利益をもった一つの国民の審議機関であります。そこでは、地方的目的、地方的偏見ではなくて、全体の一般的理性に由来する一般的善が支配すべきであります。」

ここで議員活動にとって基本的重要性をもつとされているのが、議員の個人的判断力です。政治が消極的であったバークの時代であれば、たしかに政治家は、個人の判断に基づいて議員に期待される役割を適切に演じることができたでしょう。しかし、積極政治が一段と高度化し、加えて政治課題が国際化・地球化の度を高めている今日では、政治家が個人の判断で対応できる範囲がますます狭く限定されてきたのは、不可避の成り行きでした。ここで、政治課題を調査検討し、問題の解決策を探り、まとめる政党の役割が、重要度を増してきたのです。

二〇〇三年のわが国の総選挙では、「政権公約」としてのマニフェストが、選挙戦を彩りました。マニフェストを作成し、政権を担当した場合の総合的な政策を提示するということになると、これは、まさに政党の役割というべきでしょう。ちなみに、マニフェストは、保守、自由両党による二党政治が確立した一八三〇年代のイギリスで、政党政治の中にもち込まれてきたのですが、このマニフェストが、わが国で第一回総選挙後にすでに紹介されていたという事実には、目を見張らずにはいられません。このとき内務省の県治局長であった末松謙澄(一八五五―一九二〇)は、総選挙後に発表した総選挙結果報告の中で、マニフェストに言及してこう述べています。

「西洋にては大概選挙を争ふ者の中に声望卓越の政治家ありて「マニフェストー」即ち選挙檄文

を発し及ひ各処に演説をも為し将来の政略を吐露して人心を喚起し、独り自己の選挙区のみならす広く全国の人心を収攬せんことを務むるの習なるか、本邦にては未た如此の事なし」

ところで、政治運営の基本方針や政策メニューを盛ったマニフェストを提示して選挙に臨み、勝者が政権を担当し、敗者は次の選挙で雪辱を期するということになると、もはや政党以外でこの役割を効果的に担えるものはありません。つまり、今日のデモクラシーの下での政党の役割は、選挙での勝利に基づいて政権を担当し、自らの政治的基本方針に沿った政策の実現を目指すことであり、敗者は、政権の監視役をつとめつつ、代替案を準備して、政権担当の出番に備えることです。

イギリスで反対党を「陛下の反対党（His Majesty's Opposition）」と呼んだのは、一八二六年四月一〇日に下院でおこなった演説でのジョン・カム・ホッブハウス（一七八六―一八六九）が最初であったとされていますが、このころから議会内の少数党が公的な反対党としての役割を演じることが、一般に認知されるようになったとみていいでしょう。このような慣行の意義について、二〇世紀イギリスの代表的政治学者であったアーネスト・バーカー（一八七四―一九六〇）は、こう説明しています。

「女王は、内閣を形成する実際の助言者たちをもち、また反内閣（anti-cabinet）を形成する潜在的助言者をもつ。そのような反内閣、いいかえれば現内閣に対する組織された反対勢力の存在は、イギリスの議会制デモクラシーの制度に生気を与える刺激剤である。この反内閣は、建設的創造と同じように必要な不断の批判を提供する。」

要するに、政党は、政権の運営と同時に議会の運営にとっても不可欠な存在だということですが、政党は、このようにして政府と議会の運営の要に位置することによって、デモクラシーの発展に対して、さらに一つの大きな貢献をします。それが、責任政治の確立です。議員が個人で活動し、無所属である場合、その議員が落選したり、死去してしまうと、その議員の責任は、結局うやむやになってしまうでしょう。ところが、政党が、現内閣と反内閣の担い手ということになると、責任は連続的・永続的になります。

ホッブハウスと同時代にイギリス下院議員をつとめたジョン・ウィルソン・クローカーが、「私は、政党への所属と一貫性は、政治家の最重要の部類に属する義務である、なぜなら、それがなければ政治家は国に対してなんらの有用な貢献をなしうるはずがない、と考えてきた一人です」と述べているのは、このことと関連しているといっていいでしょう。

ところで、最近のわが国の地方選挙で目立つのは、無所属を標榜して選挙に臨む候補者がきわめて多いことです。その結果、総務省の調べによると、二〇〇四年末現在で、都道府県議会議員の二四・八％、市議会議員の六六・七％、町村議会議員の九〇・四％が無所属議員でした。このような事態は、一つには、選挙区の規模が小さくなればなるほど、候補者が個人で選挙運動をおこなう可能性が高まることと関連していますが、もう一つには、首長も議員もそれぞれ直接に選挙で選ばれる二元代表制の下で、議員は、「内閣」「反内閣」を形成する必要がなく、自らの活動領域を限定して議員活動をおこなうことができることと関連しているとみていいでしょう。

さらに、現代デモクラシーの発展の中で、政党の役割としてますます重要性を増してきたのが、市民とのコミュニケーションです。この場合のコミュニケーションは、発信と受信の両方向を含みます。一方において、政党は、政治運営上の基本方針や政策計画について有権者に発信し、その理解と支持を求めなければなりません。他方において、政党は、有権者の意見や要求の受信者であることが求められます。アーネスト・バーカーは、この点に着目して、政党を社会のさまざまな考え方の「社会的貯水池」と目しました。この貯水池に流入してきた意見や要求を集約し、政策としてまとめあげるのが、政党の役割です。

要するに、政党は、①選挙のために候補者を擁立し、選挙戦を戦う、②政治の向かうべき方向を提示し、当面する政治課題を調査・検討し、解決のための政策を提案する、③政権を担当し、議会の運営を主導する、④市民とのコミュニケーションの発信・受信における要となる、といった活動を通じて、現代デモクラシーの不可欠の要素となっているということになります。政党のこのような活動に照らしてみますと、本節の冒頭で触れたシュンペーターによるバークの政党定義批判は、かならずしも当たっているとはいえません。むしろ、二人の定義は、いずれか一方のみが正しいというのではなく、それぞれが、別々の時代の別々の国の政党のありようと関連していたとみるべきでしょう。試みに、政党を現代デモクラシーの文脈で定義すれば、こうなるでしょう。

「政党とは、政権の担当を目指して、政治運営の基本方針と当面する政治課題の解決策を提示し、任務の遂行に当たるチームを構成すべき人材を候補者として擁立して選挙戦に臨み、選挙での勝敗の帰趨によって政権を担当し、議会の運営の衝に当たる政治集団である」

4 政党制のパターン

デモクラシーの下での政党政治は、複数の政党の間での政権をめぐる競争を軸とします。いいかえると、政権党と野党、反対党の存在が、デモクラシーの下での政党政治の不可欠の条件です。エドマンド・バークが、「全体からみて、いい方向へ向って動いているか、悪い方向へ向かって動いているかにかかわらず、党派の分離は、自由政府と切り離せないものである」と述べているのは、このことと関連しています。一党政治は、デモクラシーと相いれません。

しかし、政党政治の枠組みは、二つの主要政党が政権をめぐって競い合う二党制、三党以上が政権の主導権をねらって争う多党制などさまざまです。その中で伝統的に根強いのは、二党制がデモクラシーにとって最善の政党制だとする考え方です。

このような考え方の代表的論者の一人として知られるのが、ローレンス・ローウェルです。ローウェルは、一九一三年に著した『世論と民衆政治』の中で、こう論じています。

「現代政治を一べつすればすぐわかるように、大規模民主国にとって政党政治が不可避であるとすれば、ここで起こるのは、だれが政権党を選び、それによって、追求されるべき政策を多少とも明確に決定すべきかという問題である。政党が二つだけであれば、これは、総選挙で国民によってなされる。選挙民は、一対の代替案を提示され、そのいずれかを選ぶのである。ここでの問題は、共和党か民主党か、保守党か自由党かである。それは、本質的にイエスかノーの場合である。しかし、多数の政治団体が存在すると、どの問題も、国民がイエスかノーで答えうるようには提示されない。国民は、それらの団体のうちのどれが権力を占めるべきかを決めることができない。というのは、どの団体が政権の座につくかは、議会が会議を開いたときに議会自身の中で形成される結合や連合に依存するからである。」

要するに、二党制論者は、有権者による政権選択の有効性という観点に立っているわけですが、これに対して、多党制論者は、世論の代表度という点に目を向けます。今日の大規模・大衆デモクラシーの下での国民の意見や利害の多様化に照らして、少数者集団にも発言の機会を与え、政権への参画の道を閉ざすべきではないとするものです。この方向での古典的な考え方を提起したのが、J・S・ミルでした。ミルは、『代議政治論』(一八六一年)の中で、こう述べています。

「真に平等なデモクラシーの下では、どの人口部分も、どんな人口部分もみな、非均衡的にではなく、均衡的に代表されよう。選挙民の多数派は、常に代表者の多数派をもつであろうが、選挙民の少数派も、常に代表者の少数派をもつであろう。少数派も、多数派と同様にひとりひとり対等に代表されよう。もし、そうでなければ、そこにあるのは、平等の政治ではなくて、国民の一部が残りの者を支配する不平等と特権の政府ということになる。また、そこにあるのは、すべての正当な政治に反し、とりわけ最重要の基礎であり土台として平等を奉ずるデモクラシーの原理に反して、代表制における公平で平等な影響力の分け前が与えられない人口部分である。」

このようにして、二党制と多党制には、それぞれ特色があり、長所と短所がありますが、それぞれの国の制度は、歴史や文化を背負っていますから、二党制から多党制へ、多党制から二党制へと移行することは、たやすいことではありません。E・E・シャットシュナイダーは、この点に触れてこう述べています。

「われわれは、たとえそうしたくても、女性が帽子をとりかえるのとまったく同じように、アメリカで二党制を捨てて、多党制を採用することはできない。政党の型の点で、われわれが持ちたいと望んでいるものと、われわれが現に手にしているものとの間には、ほとんど関係がないのである。」

その中で、政党制のパターンに大きな影響を及ぼす要因として注目されてきたのが、選挙制度です。フランスの政治学者モーリス・デュベルジェ（一九一七—）は、「一人一区制が二党制を促進する」とする「デュベルジェの法則」を提起しました。たしかに、代表的な二党制の国として知られるイギリスやアメリカで採用されている選挙制度は、一人一区制です。しかし、二党制と一人一区制の関係は、それほど単純ではありません。

たとえば、イギリスの場合についてみると、二つの点でデュベルジェの法則と食い違います。一つには、イギリスでは、二党政治の定着に合わせる形で一人一区制が実現してきたのであり、一人一区制によって二党制が実現してきたわけではありません。実際問題として、イギリスには二〇世紀になってもまだ二人区や三人区が残っていて、一九四五年の時点でも、選挙区総数六二〇のうち、二人区が一八、三人区が一ありました。これらの複数定数区が全廃されたのは、一九四八年のことです。

そして、注目すべきもう一つの点は、完全な一人一区制になった現在のイギリスで、労働、保守両党に対して、第三位の政党としての自由民主党が根強い勢力を維持していることです。しかも、さらに目立つのは、最近、この自民党の勢力が伸長し、労働、保守両党の支配力が下降する傾向がいちじるしいことです。一九四五年から七〇年に至るまで、労働、保守両党の合計得票率は、九割前後を占めていましたが、その後は、八〇・九％であった七九年総選挙の場合を除き、七割台に終始してきました。そして、遂に二〇〇五年総選挙では、労働、保守両党の合計得票率は七割を下まわって、六七・五％にとどまり、自民党の得票率は、一九四五年以降の六〇年間で最高の二二・〇％に達しました。このような政党勢力の動向に照らして、二党制の衰退・三党政治の時代の到来を指摘する声が、イギリスの一部の論者の間で高まっているのも、ゆえなしとしません。

表IV－2　スウェーデン議会の政党勢力：2002年9月15日総選挙

政　党	議席数	議席率（%）
社会民主労働党	144	41.3
穏健党	55	15.8
自由党	48	13.8
キリスト教民主党	33	9.5
左翼党	30	8.6
中央党	22	6.3
緑の党	17	4.9
計	349	100

表IV－3　オランダ下院の政党勢力：2003年1月22日総選挙

政　党	議席数	議席率（%）
キリスト教民主勢力	44	29.3
労働党	42	28.0
自由民主党	28	18.7
社会党	9	6.0
フォルトゥイン党	8	5.3
グリーン・レフト	8	5.3
民主66	6	4.0
その他	5	3.3
計	150	100

選挙制度と政党制の直接的な関係がいっそう明確に確認できるのは、比例代表制と多党制の関係です。この点について、デュベルジェも、「比例代表制は、多党制を促す」といっていますが、実際に、比例代表制を採用している北欧や中欧などの政党制は、スウェーデン（**表IV－2**）やオランダ（**表IV－3**）の場合にみられるように、多党制が一般的です。

また、政党制と選挙制度の関係は、一九九四年に導入された小選挙区比例代表並立制の下でのわが国の衆議院議員選挙の結果からもうかがわれます。二〇〇三年総選挙の場合、小選挙区選挙での自民党と民主党の合計得票率は八〇・五一%で、議席率は九一・〇でしたが、共産党は、八・一三%の得票率で、獲得議席は〇でした。しかし、比例代表選挙では、自民、民主両党が、合計得票率七二・六二%で、一四一議席を獲得したのに対して、共産党は、七・七六%の得票率で、九議席を獲得しました。

ところで、日本の政党制は、一九五五年以降の五〇年間についてみると、およそ三つの時期に区分できます。第一の時期が、一九五五年から七五年までの五五年体制前期です。

この時期は、一九五五年一〇月の左右両派社会党の統一による日本社会党の再発足と、ひと月後の民主、自由両党の保守合同による自由民主党の結党を背景とした自社二党体制の成立によって始まりましたが、やがて一般に五五年体制と呼ばれるようになったこの政党制の成立直後に、両党は、衆議院で議席の九七・六％を占め、この体制成立後の最初の総選挙であった一九五八年総選挙でも、両党の合計議席率は九七・〇％に達しました。このような事態に照らして、当時この政党制が「二大政党制の幕開け」として広く歓迎されたのは、無理からぬことであったでしょう。

しかし、その実態は、「二大」政党制とは程遠いものでした。社会党は、議席数でも得票率でも自民党の半分程度にとどまり、自民党とがっぷり四つに組んで政権担当を競い合う勢力をもっていなかったからです。この事実に注意を喚起して、カリフォルニア大学の日本政治研究者として知られたロバート・スカラピーノ（一九一九―）と升味準之輔（一九二六―）が、この政党制の現実は、「二大」政党制ではなくて、「一か二分の一」政党制であると的確に指摘したのは、一九六二年に出した共著『現代日本の政党と政治』においてでした。

いずれにしても、一九六〇年代に入って、民社党（一九六〇年）、公明党（一九六四年）、新自由クラブ

（一九七六年）、社会市民連合（一九七七年、七八年に社会民主連合に改称）などの新政党の結成が相つぎ、野党の多党化が進み、自社両党の得票率・議席率は、下降の一途をたどることになります。とりわけ社会党の勢力の落ち込みははげしく、一九七〇年代に入る前後のころから、総選挙での得票率が二〇％そこそこになり、一九七九年の総選挙では二割を切って、一九・七％にまで下がり、議席率も辛うじて二割を超える二〇・九％でした。他方で、自民党も、七六年、七九年の総選挙で得票率が四割台前半にまで落ち込みましたが、議席率では四八％台を保ち、さらに選挙後に無所属の当選者を迎え入れることによって、衆議院での過半数の議席を確保し、五五年以来の長期連続政権を維持しました。

ここに展開されたのが、自民党が、他党にぬきん出て優越的地位を占める中での多党政治にほかなりません。要するに、およそ一九七五年をさかいにして五五年体制は後期に入りましたが、それは、一党優越多党制として特徴づけられる政党制でした。

しかし、この政党制は、一九九三年総選挙の結果によって幕を閉じました。この選挙で、自民党は、得票率三六・六％、議席率四三・六％にまで落ち込んでしまい、非自民勢力が結束して立ちはだかる事態に直面して、三八年間連続して保持してきた政権の座を降りるのを余儀なくされてしまったからです。これによって、五五年体制が終焉しました。そして、自民党の下野によって成立したのは、社会、新生、公明、日本新党、民社、新党さきがけ、社民連、民主改革連合の八党派による細川連立政権でしたが、この政権の下で一九九四年三月に衆議院議員選挙のために導入された小選挙区比例代表並立制にも促されて、その後は、連立政権が常態化して現在に至っています。

このポスト五五年体制下の政党制の性格はまだ流動的で定まりません。この間に自民党は、一〇ヶ月余りの野党生活を経て、一九九四年六月に村山社会党内閣の下で政権に復帰し、社会（社民）、さきがけ、自由、公明の各党をおりおりの連立パートナーとしながら、第一党として政権を主導してきました。その限りにおいて、ポスト五五年体制には、依然として自民党を軸とした一党優越多党制の性格が色濃いといえますが、自民党の優越度の低下は、連立政権を不可避としています。他方で、最近顕著化しているのは、自民、民主両党への有権者の支持の収斂傾向です。このような動向が示唆しているのは、ポスト五五年体制が、二党優越多党制の方向へ向かっているということかもしれません。

5　日本の政党政治の問題

日本のデモクラシーが、世界の政党を軸とした選挙制デモクラシーの国々の中で、現在もっとも安定的に展開されていることは、疑うべくもありません。整然とおこなわれる選挙の結果をふまえ、衆議院での議席数に基づいて多数派を形成した政党によって政権が担われることは、厳然と確立された日本のデモクラシーのルールです。

しかし、日本の政党を軸としたデモクラシーには、その運営について問題なしとしません。その一つが、政党間の政権交代の乏しさです。一九五五年から二〇〇五年までの五〇年間についてみると、アメリカでは、この間に一〇人の大統領が入れ替わりました。政党間の交代は六回で、この間に大統領職を占めていた期間は、共和党が三〇年、民主党が二〇年です。イギリスの場合、この五〇年間に、九人が首相の座につき、政党間の政権交代は五回ありました。政権の座にあったのは、保守党が三一年間、労働党が一九年間です（**表Ⅳ－4**）。

これに対して、日本では、この五〇年間に首相は二二人が入れ替わりました。首相の数は、イギリスの二倍以上ですが、政党間の政権交代は四回で、

表Ⅳ－4　アメリカ大統領とイギリス首相の在任期間

アメリカ大統領	政党	在任期間	イギリス首相	政党	在任期間
ドワイト・D・アイゼンハワー	共和	1953～61	アンソニイ・イーデン	保守	1955～57
ジョン・F・ケネディ	民主	1961～63	ハロルド・マクミラン	保守	1957～63
リンドン・B・ジョンソン	民主	1963～69	アレック・ダグラス・ヒューム	保守	1963～64
リチャード・M・ニクソン	共和	1969～74	ハロルド・ウィルソン	労働	1964～70
ジェラルド・R・フォード	共和	1974～77	エドワード・ヒース	保守	1970～74
ジミー・カーター	民主	1977～81	ハロルド・ウィルソン	労働	1974～76
ロナルド・レーガン	共和	1981～89	ジェームズ・キャラハン	労働	1976～79
ジョージ・ブッシュ	共和	1989～93	マーガレット・サッチャー	保守	1979～90
ビル・クリントン	民主	1993～2001	ジョン・メイジャー	保守	1990～97
ジョージ・W・ブッシュ	共和	2001～	トニー・ブレア	労働	1997～

イギリスより少なく、さらに特徴的なのは、この五〇年のうち四七年間にわたって自民党が政権を主導してきたことです。三八年間続いた五五年体制の崩壊後一時政権を離れた自民党は、社会党との連立政権で一九九四年六月に政権に復帰し、九六年一月成立の橋本内閣で政権の主導権を回復して現在に至っていますから、結局、この五〇年間で自民党が政権を離れていたのは、一九九三年八月から九四年六月までの一〇ヶ月間にすぎません（**表Ⅳ-5**）。

表Ⅳ-5　日本の首相の在任期間

首　相	政　党	在任期間
鳩山一郎	自民党	1954年12月～56年12月
石橋湛山	自民党	1956年12月～57年 2 月
岸　信介	自民党	1957年 2 月～60年 7 月
池田勇人	自民党	1960年 7 月～64年11月
佐藤栄作	自民党	1964年11月～72年 7 月
田中角栄	自民党	1972年 7 月～74年12月
三木武夫	自民党	1974年12月～76年12月
福田赳夫	自民党	1976年12月～78年12月
大平正芳	自民党	1978年12月～80年 7 月
鈴木善幸	自民党	1980年 7 月～82年11月
中曽根康弘	自民党	1982年11月～87年11月
竹下　登	自民党	1987年11月～89年 6 月
宇野宗佑	自民党	1989年 6 月～89年 8 月
海部俊樹	自民党	1989年 8 月～91年11月
宮沢喜一	自民党	1991年11月～93年 8 月
細川護熙	日本新党	1993年 8 月～94年 4 月
羽田　孜	新生党	1994年 4 月～94年 6 月
村山富市	社会党	1994年 6 月～96年 1 月
橋本龍太郎	自民党	1996年 1 月～98年 7 月
小渕恵三	自民党	1998年 7 月～2000年4月
森　喜朗	自民党	2000年 4 月～01年 4 月
小泉純一郎	自民党	2001年 4 月～06年 9 月

このような事態が、随時の政権交代による政治のダイナミズム、躍動感の維持・回復という政党政治の妙味の作用にマイナスに影響することは、避けられないところです。そこに醸成されてくるのが、政治の淀みであり、腐敗にほかなりません。一九世紀の後半期に活躍したイギリスの歴史家で、一八五九年から六四

年まではホイッグ党の下院議員をつとめたアクトン卿（一八三四―一九〇二）の警句として有名なのが、「権力には腐敗する傾向がある。絶対的権力は、絶対的に腐敗する」ですが、アクトン卿は、さらに「地位がその保持者を神聖化するというのは、とんでもない邪説である」と付言しています。長期連続政権についても、この病弊は避け難いでしょう。

それだけではありません。長期的に政府党と野党の役割が固定化してしまうと、野党は、野党としての役割をも効果的に演じられなくなってしまいます。巨大な情報センター・シンクタンクとしての官僚組織を背景にした政府・政府党に対して、野党の情報・政策機構の劣弱さは覆えませんし、政治の積極化に加えて国際化が進めば進むほど、この点での政府党と野党とのアンバランスの拡大は、不可避でしょう。いいかえれば、政権交代の欠如は、野党の政府監視機能を弱化させ、代替案の提起機能をも衰弱させることになります。今日もなおイギリス政治の理解のためのもっとも基本的な文献と目されている『イギリス政治構造論（普通には『イギリス憲政論』『英国の国家構造』などと訳されている）』（一八六七年）の中で、ウォルター・パジョット（一八二六―七七）は、「内閣政治は、行政府に対する批判を行政府と同程度の政治体の重要部分とした最初の政治である」と述べ、反対党の意義に注意を喚起しました。

しかし、このような効果的な批判を行政府に提起できるのは、政府党と拮抗する勢力を保ち、政権担当の経験ないし可能性をもっている反対党にほかなりません。そして、過去五〇年間の日本の政党政治のもっとも基本的な問題点が、政党間の随時の政権交代の可能性の乏しさであり、効果的な反対党の未成熟にあることは、否みようがありません。

日本の政党政治のもう一つの問題点は、地方選挙での相乗り選挙の蔓延です。総務省のまとめによると、二〇〇四年末現在で、四七都道府県知事は、全員が無所属で、市長の場合は、七一一人中一人を除いて無所属でしたが、これらの首長の多くは、選挙の際に相乗りした政党の支援をうけて当選しました。

二〇〇三年総選挙は、各党がマニフェストを競い合った選挙で、民主党が、マニフェストで地方政治の今後の方向として打ち出したのが、「自立力をもった活力に輝く地域」の創造をねらいとした「分権革命」です。ところが、総選挙から三ヶ月後の二〇〇四年二月におこなわれた大阪府知事選挙や京都市長選挙では、民主党は、自民、公明両党と相乗りしました。さらに、二〇〇五年七月三日におこなわれた東京都議会議員選挙では、「政権奪取を東京から目指す」として選挙に臨んだ民主党は、得票率で自民党の三〇・六六％に対して、二四・五一％、議席率で自民党の三七・八〇％に対して、二七・五六％を獲得しましたので、選挙結果には民主党の望みに沿った自民党との二党政治への流れがうつし出されたかっこうです。ところが、同じ日におこなわれた兵庫県知事選挙では、民主党は、無所属現職の候補を自民、公明、社民の三党と相乗りで推薦しました。

これでは、有権者は戸惑うばかりです。とにかく、マニフェストからではなく、実際の行動からみて、民主党がどこまで本気で二党政治の一方の雄としての役割を演じる責務を自らに課しているのか、あまりに不確かというほかありません。

大阪府や兵庫県、京都市といった日本の代表的な府県や都市でこそ、民主党は、独自の候補を立て、自らの主張する地方自治の実践へ向けての最大限の努力を惜しむべきではないでしょう。主要政党の責務は、有効な政策の選択肢とともに、その政策の実現を担う人材の選択肢を有権者に提示することです。相乗りは、この責務の放棄にほかなりません。兵庫県知事選挙での投票率が三三・三三％で、過去最低であったのも、ゆえなしとしないでしょう。

政策と人に関しての選択肢の提起にこそ、政党の存在理由があります。そして、政党政治の成功の条件は、このような責務を担う政党が少なくとも二つ存在し、それらの勢力が相拮抗していることです。

V 「討論の大舞台」「民衆教育と政治的論争の大機関」としての議会

1 議員・政党・議会

一七七四年の総選挙でブリストル選挙区で当選したエドマンド・バークが、選挙後にブリストルの選挙区民に向かっておこなった演説は、議員と選挙区民との関係について古典的な考え方を提起したものとして知られています。その演説の一節で、バークは、こう論じました。

「議会は、異なった敵対的な諸利益によって送り出された使節たちの会議体ではありません。そうではなくて、議会は、一つの利益、すなわち全体の利益を担う、国民の審議機関であります。そこでは、地方的目的や地方的偏見が支配すべきではなくて、全体の一般的理性に由来する一般的善が支配すべきなのであります。諸君は、なるほど議員を選びます。しかし、ひとたび議員を選んでしまいますと、議員は、もはやブリストルの議員ではなくて、議会の一員になるのでありま す。」

ところで、当時ブリストル選挙区は二人区でしたが、この選挙区からバークを上回る得票数で当選したもう一人の議員は、やはり選挙後に選挙区民に向かって「支持感謝演説」をおこない、「選挙民は、自分たちの議員に指令する権利をもつ」のであり、「自分は、選挙民の指令を受けいれる義務感を感じている」というバークとは対照的な考え方を表明しました。

議員と選挙民との関係のあり方についてのこのような二つの考え方の対立は、現在も衰えるどころか、ますます盛んなようにみえますが、いずれにしても、選挙戦を勝ち抜いて議会に登場する議員たちは、「国民代表」「地域代表」として活動するに当たって、一般に政党を拠り所とします。Ⅳ章で触れたように、政党は、「政治の向かうべき方向を提示し、当面する政治課題を調査・検討し、解決のための政策を提案」し、「政権を担当し、議会の運営を主導」するといった役割を担っていますが、議員は、この政党を離れて、個人としてでは、議員活動を効果的に演じることができません。一九世紀イギリスの議会政治の黄金時代の立て役者の一人であったベンジャミン・ディズレイリ（一八〇四―八二）が、一八七二年におこなった演説で、「政党なしには、議会政治は不可能だと考えます」と述べているのは、このことと関連するでしょう。

このようにして、議会政治と政党政治は、密接に結びついています。ディズレイリは、さらに二〇年余り前の一八四八年八月にイギリス下院でおこなった演説で、この点に触れてこう論じました。

「政党政治と議会政治のいずれか一方を選ぶといったことは、できません。私が申しあげているのは、もし諸君が、政党政治をもたないというのであれば、諸君は、議会政治をもつことができないということです。」

そして、実際問題として、議会政治と政党政治の密接な関係の発展を背景にして、一八世紀半ば以降イギリスで発展してきたのが、議会内の多数派によって内閣が組織され、その存続が議会に依存する制度としての議院内閣制にほかなりません。ちなみに、ウォルター・バジョット(一八二六―七七)は、『イギリス政治構造論』(一八六七年)で、議会と内閣の関係について、こう述べています。

「首相は、国民によって直接に選挙されるのではない。首相は、国民の代表者たちによって選挙されるのである。首相は、「二段階選挙」の例である。名目上は、法律を作るために選ばれる議会が、事実上は、執行部を作り、維持するところにその主要な任務を見いだしている。そのようにして選任された首相は、自分の閣僚を選ばなければならないが、選択の範囲は、選り抜きのグループ内に限られている。要するに、内閣は、議会が信頼し、熟知する人々の中から国を治めるために議会によって選ばれる管理委員会である。」

2　三権分離主義と国会の地位

「イギリスは、『議会の母』」と述べたのは、イギリスの改革派の政治家で、一九世紀半ばに自由党の下院議員であったジョン・ブライト（一八一一―八九）でしたが、このイギリスで一三世紀中ごろから発展してきた議会に対して、民主政治におけるその役割について明確な理論的根拠を与えたのが、ほかならぬ三権分離主義でした。三権分離主義は、政府の権力が絶対化することを防ぎ、政府の権力からの個人の自由を保障することをねらいとして、政治の作用を立法、行政、司法の三つに分け、それぞれを独立の機関に属させ、それらの三機関の間に牽制と均衡の関係を保たせる政治の運営方式ですが、近代以降民主政治の運営上の基本的原則の一つとみなされるようになり、現在に至っています。

よく知られているように、このような三権分離主義の提起者としての位置を占めるのが、ジョン・ロックとモンテスキューです。まず、ロック（一六三二―一七〇四）は、一六九〇年に著した『政府二論』において、人間には、権力を握り、それを自らの利益のために行使しようとする誘惑のとりこになる性向がきわめて強いので、秩序がよく保たれた国においては、立法権と執行権は、別々の人の手中におかれるのだと説き、さらに、モンテスキュー（一六八九―一七五五）は、それから半世紀余りを経た一七四八年に出した『法の精神』において、ロックの議論の延長線上で、立法権と執行権と裁判権が、相互に分離していない場合には、自由は存在しえないと論じ、三権分離主義を明確な形で打ち出しました。

このようなロックやモンテスキューの権力分離論を具体的に憲法の中にとり込んだのが、一七八七年九月に制定され、翌年六月に発効したアメリカ合衆国憲法でした。この憲法が制定された際、その批准を求めて活発な言論活動を展開した一人が、ジェームズ・マディソンでしたが、一七八八年二月一日付の『ニューヨーク・パケット』紙に寄せた論説で、マディソンが、次のように論じているところからも、建国の父たちのモンテスキューらの権力分離論への傾倒ぶりをうかがうことができるでしょう。

「この権力分離の問題について、つねに参照され、引用される賢者は、かの高名なモンテスキューである。モンテスキューは、政治学上この比類ない原則の最初の提起者ではないにしても、少なくとも広く人々の注意を喚起するためにその原則をもっとも効果的に表現し、勧奨した功績は、モンテスキューに帰するのである。」

そして、アメリカ合衆国憲法は、第一条、第二条、第三条で次のように定めています。

第一条「本憲法において与えられるすべての立法権は、合衆国議会に属する」

第二条「執行権は、アメリカ合衆国大統領に属する」

第三条「合衆国の司法権は、最高裁判所および連邦議会が随時に定め、設置する下級裁判所に属する」

このアメリカ合衆国憲法の一六〇年あとに施行された日本国憲法が、同様に三権分離主義の立場に立っていることは、いうまでもありません。日本国憲法は、アメリカ合衆国憲法をなぞる形で、「国会は、国権の最高機関であって、国の唯一の立法機関である」（第四一条）、「行政権は、内閣に属する」（第六五条）、「すべて司法権は、最高裁判所及び法律の定めるところにより設置する下級裁判所に属する」（第七六条）

と定めています。

しかし、三権分離主義の現実のありようは、日米でけっして同じではありません。ここでは、とくに二つの点に注目したいと思います。一つは、日本国憲法が、国会を「国権の最高機関」と定めている点についてです。

三権分離主義は、元来、三権間の対等な関係を含意しています。なるほど、アメリカでは、連邦議会、大統領、司法部が、全体として政治の運営に当たる「政府」を構成するものとされ、連邦議会が、この「政府」の第一部門、大統領を長とする執行部が第二部門、司法部が第三部門と言い習わされてきました。しかし、これは、三権の序列を示すものではなくて、合衆国憲法中の関連条文の順序に対応するものとみるべきでしょう。あるいは、序列ということになると、Ⅳ章で触れたように、大統領が死去したり、辞任したりした場合の継承順位は、第一順位が上院議長である副大統領、第二順位が下院議長となっていますので、この点からは、大統領が両院議長の上位に位置するといえるかもしれません。しかも、大統領は、連邦議会が可決した法律案に対して、拒否権を行使することができます。

しかし、他方で、大統領が拒否権を発動し、連邦議会に返付された法律案について、両院が三分の二の多数で再可決したときは、大統領の拒否権発動を乗り越えて、この法律案は法律になりますし、大統領はまた、条約の締結や閣僚、大使などの任命に当たっては、連邦議会の上院の「助言と同意」をえなければなりません。さらに、連邦最高裁判所の裁判官は、大統領によって指名され、連邦議会の上院の「助言と同意」をえなければなりませんが、連邦最高裁判所の裁判官には定年がなく、「罪過のない限り」その職にとどまることができることとされていますので、ひとたび任命されると、裁判官は、連邦議会や大統領に対して独立的に行動することができます。

要するに、アメリカでは、三権間の牽制と均衡のためのさまざまな工夫によって、三権間の平衡的な力関係の維持がはかられているわけです。

ところで、日本国憲法が「国会は、国権の最高機関」と定めている点については、憲法学者の解釈がまちまちで一定しません。それらの説の中に含まれるのが、「三権の間の総合調整機能の付与と理解し、「国会が並列関係にある国家諸機関のうち一番高い地位にあり、国政全般の動きにたえず注意しつつ、その円滑な運営を図る立場にあることを意味する」とする「総合調整機能説」や、「国家の機関の中には国家の全体の目的を達成するために統括する機関が不可欠であり、日本国憲法の下では国会にこの役割が与えられた」とする「統括機関説」ですが(松井茂記『日本国憲法』第二版、二〇〇二年、有斐閣)、その中でとくに有力な解釈として提起されてきたのが、「政治的美称説」です。この立場に立つ代表的な憲法テキストである芦部信喜『憲法』(第三版、高橋和之補訂、二〇〇二年、岩波書店)は、その論点についてこう説明しています。

「『最高機関』とは、国会が主権者である国民によって直接選任され、その点で国民に連結しており、しかも立法権をはじめ重要な権能を憲法上与えられ、国政の中心的地位を占める機関である、ということを強調する政治的美称である。」

この中で、日本国憲法が、国会、内閣、最高裁判所の関係を具体的に示しているのは、第六条第一項「天皇は、国会の指名に基いて、内閣総理大臣を任命する」、第六七条第一項「内閣総理大臣は、国会議員の中から国会の議決で、これを指名する」、第六条第二項「天皇は、内閣の指名に基いて、最高裁判所の長たる裁判官を任命する」、第七九条第一項「その長たる裁判官以外の裁判官は、内閣でこれを任命する」の各条項ですが、このようなそれぞれの官職への選任権の観点からみれば、三権の関係は、第一位が国会、第二位が内閣、第三位が最高裁判所ということになるでしょう。たしかに、バジョットが指摘したように、内閣は、議会によって選ばれる国の政治の「管理委員会」ですし、この限りにおいて、国会は、まさしく「国権の最高機関」です。

芦部『憲法』は、政治的美称説を敷衍して、「国会は主権者でも統治権の総攬者でもなく、内閣の解散権と裁判所の違憲立法審査権によって抑制されていることを考えると、国会が最高の決定権ないし国政全般を統括する権能をもった機関であるというように、法的意味に解することはできない」と述べていますが、内閣は、解散権によって国会を抑制することはできても、総選挙後に首相を指名するのも、やはり国会です。

いずれにしても、憲法の重要な条文について解釈が多様にわたるという事態は、憲法の性質からして望ましいことではありません。

しかし、これらの三権のこのような形式的位置関係と現実上の位置関係は、およそ違います。議院内閣制の下で、首相には、通常第一党の党首が選ばれますし、衆参両院議長は、当選回数の多い党の長老議員の中から選ばれます。党内序列上、これらの長老議員が党首である首相の下位に位置することは、いうまでもありません。また、国の公的な行事の際などの序列は、第一位が内閣総理大臣で、以下衆議院議長、参議院議長、最高裁判所長官の順です。

三権分離主義の現実のありようについて日米を対比するとき、注目すべきもう一つの点は、立法部と行政部の関係の実際です。

この両機関の関係について、アメリカとイギリスの制度を比較し、それぞれの制度の特徴について注意を喚起したのが、バジョットでした。バジョットは、『イギリス政治構造論』において、「大統領制の特徴は、大統領が国民によって一つの過程を通じて選出され、下院議員が別の過程を通じて選出されるところにある。立法権と執行権の独立が、大統領政治の特質であり、これに対して、立法権と執行権の融合と結合こそが、内閣政治のまぎれもない原則である」と指摘し、「イギリスの政治構造を手っとり早く理解するカギは、執行権と立法権のほとんど完全な融合にある」と論じました。

実際に、民主政治の基本原則の一つが、権力分離主義にあるといっても、その現実のありようは、国ごとに一様ではありません。わが国の場合、憲法上の三権についての規定は、アメリカ合衆国憲法と相似的ですが、議院内閣制の下にあるわが国では、権力分離の現実のありようは、バジョットが指

表V－1　副大臣と大臣政務官の配置

府省庁	副大臣の定数	大臣政務官の定数
内閣府	3人	3人
防衛庁	1人	2人
総務省	2人	3人
法務省	1人	1人
外務省	2人	3人
財務省	2人	2人
文部科学省	2人	2人
厚生労働省	2人	2人
農林水産省	2人	2人
経済産業省	2人	2人
国土交通省	2人	3人
環境省	1人	1人
計	22人	26人

注：以上のほかに、内閣官房に内閣官房副長官3人が置かれ、うち2人には国会議員があてられる。

摘するイギリス型にきわめて相似的です。

まず、わが国では、憲法の定めによって、内閣総理大臣が、「国会議員の中から国会の議決で」指名されるとともに、国務大臣の過半数は、国会議員の中から選ばれなければなりませんが、加えて、現在は、副大臣として二二人、内閣官房副長官として二人、大臣政務官として二六人が、国会議員の中から任命されて、行政部での任務を担います。閣僚と合わせると、今日では、国会議員のおよそ一割が、行政部での任務についているわけです。ここに示されているのが、わが国における国会と内閣の「融合」の現実にほかなりません。

これに対して、アメリカでは、憲法の定めによって、連邦政府の官職にあるものは、在職中にいずれの議院の議員となることが禁じられており、上院議員や下院議員が閣僚などの地位につくときには、議員を辞職しなければなりません。

さらに、立法部と行政部の「融合」という点で特殊日本的なのは、政府の審議会の中に国会議員が委員として参加しているケースがあることで、現在、国会議員が委員に加わっている審議会は、内閣府主管の地方制度調査会、法務省主管の検察官適格審査会、国土交通省主管の国土審議会と国土開発幹線自動車道建設会議の四つあります。このうち、地方制度調査会の場合、「内閣総理大臣の諮問に応じて地方制度に関する重要事項を調査審議すること」を任務としていますが、「地方公共団体の議会の議員、地方公共団体の長及びその他の職員、地方制度に関し学識経験のある者」に「国会議員」を含めた三〇人以内で構成される委員の中には、四人の衆議院議員と二人の参議院議員が加わっています。しかも、これらの国会議員の委員の中には、野党の議員も入っているのですから、立法部と行政部が牽制と均衡の関係に立つ権力分離主義の建て前からだけでなく、与党と野党が対抗関係に立つ議院内閣制のゲームのルールからみて、奇妙な慣行というべきでしょう。

3　国会の機能

三権分離主義の下での国会の第一の機能が立法機能であることは、ことわるまでもありません。わが国での最初の「市民のための国会入門」として位置づけられるのが、一八八七年一〇月一日から翌年七月二二日までの間に七三回にわたって『読売新聞』に連載された高田早苗の「国会問答」です。この「問答」は、国会開設に三年先立って連載開始となったのですが、その意図は、国会開設をひかえて、「国会とは何か」「国会は、どのように構成され、どのように運営されるのか」について国民一般の理解に資するところにあり、「誰人にも解し易い」ことをねらいとして、Q＆A形式で書かれました。今読んでもみずみずしく、国会開設期のリーダーたちの立憲政治の確立へ向けての熱意が伝わってきます。「問答」の手始めの問いは、「国会の事を御説明下さる訳ならば、先ず第一に国会と云うは何の事なりや伺いたく候」という問いでした。この問いに対する答えは、行政部と司法部との関係で国会の役割を次のように説いて、明快です。

「委細承知致し候。国会が如何な物ということは既に御承知の事と存じたれど、左様ならば申し上ぐ可し。国会ということを一口に申せば、国の政治を相談する集会に御座候。御存知の如く西洋にては政治を三つに分け、政治を相談する者は相談許《ばか》りを致し、相談した事を行う者は行うこと許りに関係し、また行ったる政治に違背したる者を裁判する者は裁判の事許りに関係致し候。さて国会と申すは、この三種の政治の中相談の事許りを掌る者共の集会する場所に有之」

しかし、「相談する」といっても、国会が相談してすべての法律案を準備し、審議し、議決するというわけではありません。最近のわが国の場合ですと、国会で可決された法律案の大半は、内閣が準備し、国会に提出したものです。

二〇〇三年一月二〇日から七月二八日までの一九〇日間の会期で開かれた第一五六回通常国会では、一三八件の法律が成立しましたが、そのうち議員提出は一六件（一一・六％）で、内閣提出が一二二件（八八・四％）でした。二〇〇四年一月一九日から六月一六日まで一五〇日間の会期で開かれた第一五九回通常国会でも、二〇〇五年一月二一日から八月八日までの二〇〇日間の会期で開かれた第一六二回通常国会でも、事態はほぼ同様で、第一五九回通常国会では、成立した一三五件の法律のうち、議員提出は一五件（一一・一％）で、他の一二〇件（八八・九％）は内閣提出でしたし、第一六二回通常国会でも、成立した九六件の法律中、議員提出は二〇件（二〇・八％）で、他の七六件（七九・二％）は内閣提出でした。

ちなみに、第一五六回通常国会では、公職選挙法改正が二度にわたっておこなわれました。一つは、期日前投票制を導入し、同時に在外投票について在外公館投票と郵便等投票のいずれかを選ぶかの選択を有権者に委ねた改正であり、他の一つは、一定の条件の下で選挙運動のためにマニフェスト文書を頒布することを認める改正です。前者の改正案は、内閣によって提出され、二〇〇三年六月四日に参議院本会議で可決されて成立し、後者は、議員提出法律案として提出され、一〇月一〇日に参議院本会議で可決されて成立しました。

結局、実際において、国会の立法機能の重心は、内閣提出法律案の可否を判定し、可とするものについて「お墨付き」を与えるところにあります。

三権分離主義の下で立法機能とともに重要なのが、国会の政府監視機能です。

ウッドロー・ウィルソン（一八五六―一九二四）は、バジョットの『イギリス政治構造論』に刺激されて、アメリカ連邦議会の「生きた現実」を描き出すことをねらいとして著した『連邦議会政治論』（一八八五年）において、アメリカ連邦議会の行政部監視機能の意義を論じ、「代表機関の然るべき義務は、政府のあらゆる問題をひとつひとつ誠実に検討し、その観察結果について大いに議論することである」と指摘しましたが、この機能の重要性は、近来ますます高まってきました。一つには、政府の活動領域がさらに大拡張し、もう一つには、議会での決定後の政策の実施に当たって、政府の判断に委ねられる部分がますます増大してきたからです。アメリカの政治学者ウィリアム・J・キーフ（一九二五―）は、この第二の点に関連して、「連邦議会の責任は、法律の通過によって終わらない。法律は、ことばであり、しばしば不明確で、自動的に執行されない。加えて、それらの実施に当たって、さらに決定が必要である」と述べています。

ところで、この機能の働き方は、アメリカとイギリスで大きく異なります。制度的に三権分離主義が厳格に行われているアメリカでは、連邦議会が大統領政府に相対《あいたい》し、連邦議会として大統領政府を監視します。これに対して、議院内閣制をとるイギリスでは、政府を監視する役割は、まずもって議会内の野党に帰せられます。イギリスの政治学者アンソニー・H・バーチ（一九二四―）は、この点についてこう説明しています。

「イギリス政治における真の二分法は、政府と反対党との間であって、政府と議会との間ではない。」

議院内閣制をとるわが国が、この点においてイギリス型であることは、いうまでもありません。

議会の第三の機能は、政府形成機能です。アメリカでは、大統領は、大統領選挙で選出されますから、大統領自身は、連邦議会に対して独立的ですが、内閣を組織するに当たっては、指名した閣僚について上院の「助言と同意」をえなければなりません。議院内閣制の下では、議会内の多数派が内閣を組織し、また不信任を決議することによって、議会は、内閣の交代を求めることができますから、議会の内閣形成機能は、いっそう積極的です。バジョットは、イギリスの場合について、こう書いています。

「イギリスの下院は、真の選出機関である。下院は、お望みの人々を選び、また免じたい人々を免じる。下院がアバディーン卿やパーマストン卿を支持して選んでから数ヶ月しか経っていなくても、問題ではない。突然に、下院は、最初は支持した政治家を追い出し、最初は拒絶した反対派の政治家を選択する。」

いずれにしても、議院内閣制の下での野党の義務は、このような議会の政府形成機能に照らして、いつでも政権交代に応じられる備えをしていることです。イギリスで、議会内の第一野党が、陛下の反対党として、党首を影の首相とする「影の内閣」を組織し、つねに内閣の交代に備える慣行が確立しているのも、このためにほかなりません。

さらに、議会は、有権者との関係で、二つの重要な機能を演じます。一つは、いうまでもなく代表機能です。

本章の冒頭で、一七七四年にバークがおこなったブリストル演説について触れましたが、この演説でバークが主張した「国民代表」としての議員観と、バークと同時に同じブリストル選挙区から選出されたもう一人の議員ヘンリー・クルーガーが唱えた「地域代表」としての議員観の二つの議員観の対立は、今も続いていますが、いずれの立場に立つにせよ、今日の民主政治の現実に照らして、「代表者」なしに政治を運営することはできません。Ⅱ章でみたように、有権者が大規模化し、また政策課題が広範多岐にわたり、専門化・技術化の度合いを高め、政治の積極化が進む中で、政治上の課題についての判断・決定は、否応なしに、政治を専門の職業とし、代表者としての役割を担うことを望む人々に委ねざるをえなくなってきました。J・S・ミルは、『代議政治論』の中で、この点での選挙民の責務についてこう述べています。

「選挙民は、自らの判断の命じるところに従う十分な権限が委ねられるような器量を備えた議員をたえず探し求める努力を怠ってはならない。」

「選挙民は、こういった能力の持ち主を議会に送り込むのに最大限の努力を重ねることが、地域の同輩の人たちに負っている義務だということを、よく考えなければいけない。」

いずれにしても、議会は、このような代表者としての議員を擁して代表機能を演じるに当たって、納税要件の撤廃、女性参政権の導入などによる男女平等普通選挙権の確立とともに、その代表性を高めてきました。日本の場合、第一回総選挙当時、国民中の一・一%であった有権者の比率は、一一五年後の二〇〇五年九月の第四四回総選挙の際には、八〇％強に達しました。この限りにおいて、わが国の国会の代表機能は、今日、従前に比してより確かな基礎の上に立っているといえるでしょう。

有権者との関係で議会が演じるもう一つの機能は、市民に対する政治情報伝達機能です。この機能についていち早く人々の関心を喚起したのは、バジョットでした。バジョットは、『イギリス政治構造論』で、議会は、「討論の大舞台、民衆教育と政治的論争の大機関」であり、そこでの卓越した政治家による演説は、「国民を奮起させ、活気づけ、教育するのに、いままでに知られている手段の中で最善の手段」であると説き、さらにこの機能のありようについて、議会に次のような注文をつけています。

「一般的にみて、また原則に照らしてみて、公正な観察者であれば、下院が、国民に教えてほしい程度にまで、いいかえれば国民が学びたいと欲している程度にまで、国民に教えていないと考えると思う。私は、きわめて抽象的な、きわめて哲学的な、きわめて難しい事柄が議会で述べられることを望んでいるわけではない。議会でおこなわれる教育は、万人向きでなければならず、万人向きであるためには、実際的で、具体的で、簡潔でなければならない。」

そして、このバジョットの議論の延長線上で、議会の情報機能の重要性に重ねて注意を促したのが、ウッドロー・ウィルソンです。バジョットの『イギリス政治構造論』のアメリカ議会版の試みとして著した『アメリカ連邦議会論』で、ウィルソンは、バジョットの考え方に沿う形で、「立法とまったく同程度に重要なのは、行政の注意深い監視」であり、立法よりさらに重要なのは、「すべての国民的関心事を白日の下の論議の中に絶えずさらし出す機関から国民がうけとる政治上の問題についての教育と手引き」であると指摘し、「連邦議会の情報機能は、立法機能に対してさえ優先されるべきである」と論じました。

政府の活動が、国民生活のあらゆる側面とかかわっている今日、この政府の活動を「白日の下」にさらし、その現在位置と今後への動きについての情報を国民に継続的に提供する議会の役割の重要性は、どんなに強調しても、強調しすぎることはないでしょう。しかも、議会のこの役割は、テレビが傍聴席を茶の間にまで拡げた結果、ますますその意義を高めてきました。

ちなみに、わが国で国会の生中継が始まったのは、ラジオでは一九五二年一月二三日のことです。このときに中継されたのは、吉田茂首相の施政方針演説などでしたが、その九ヶ月後の一〇月二四日には、テレビで初の国会中継(NHK実験放送)が行われ、吉田首相の首班指名の模様が放映されました。また、国会改革の一環として、第一四七回通常国会(二〇〇〇年)で導入された党首討論の第一回がおこなわれ、テレビを通じて茶の間に伝えられたのは、二〇〇〇年二月二三日のことです。

ところで、この党首討論は、イギリス下院で首相に対して野党第一党党首や与野党議員が質問をおこない、首相がこれに応じる「首相への質問」制度を模したものですが、一九六四年から七〇年までと七四年から七六年まで通算して八年間イギリス首相の座にあったハロルド・ウィルソンが、その回想録『イギリスの政治運営』（一九七六年）で次のように述べているくだりは、この制度への首相の実際の対応ぶりをうかがわせて、興味をひきます。

「どの首相もみな、夜おそくまで答弁について準備する。……もし、イギリスにクェスチョン・タイムを恐れない首相がでてくるようなことがあれば、イギリスの議会制デモクラシーは、危機に瀕することになろう。」

「政府の運営をつかさどる首相は、権力への挑戦者、さらには首相に何が起こったかをその日の夕方に報告する新聞・テレビの総勢と身を挺して闘わなければならない。クェスチョン・タイムで、首相は試されているのであり、下院は、自らがそのテストに参加しているのだと感じている。」

4　議会の構成

ところで、議会がこのような機能を果たすに当たって、議会の構成や規模、議員の任期など、さまざまな点で国によって、また時代によって一様ではありません。

まず、議会の構成は、一院制か二院制かによって異なりますが、そのいずれをよしとするかの議論には長い歴史があり、現在もなお続いています。とくに、最近のわが国では、この議論が再燃状態にあるといってもいいでしょう。その中で、二〇〇三年二月に国会内に超党派議連「衆参両院を統合し、一院制を創る会」が発足し、翌二〇〇四年一月におこなった講演で当時の菅直人民主党代表が、一院制導入も憲法改正へ向けての検討課題であると論じ、さらにその一〇日余り後には、小泉純一郎首相が、保岡興治自民党憲法調査会長に対して、一院制導入の検討を指示したと伝えられました。

二院制に対する批判論の源流に位置すると目されているのは、「第二院は、何の役に立つのか。もし、第二院が第一院と意見を異にすれば、第二院は有害である。もし、第一院と意見を同じくするのであれば、第二院は不必要である」として、第二院の存在に真っ向からの否定的意見を提起したフランス革命期の政治家アベ・シエイエス（一七四八―一八三六）です。

これに対して、議会の現実のありように目を向けて、二院制の意義に注意を喚起したのが、バジョットでした。『イギリス政治構造論』で、バジョットは、まずこう論を起こします。

「もし、完全無欠な下院があれば、上院がほとんど何の価値ももたないことは、確かであろう。もし、われわれが、つねに節度を保ち、けっして感情に走らず、国民を完全に代表し、賢慮にとって必要なゆっくりと着実な方式をけっして省略しない悠然と構えた人士に満ちた理想的な庶民院をもっているというのであれば、われわれが上院を必要としないことは、確かである。」

ところが、現実には、このような「完全無欠な下院」「理想的な庶民院」は存在しません。そこで、バジョットは、こう説きます。

「庶民院全体は、なるほど大きな主題については、きわめて公平に世論を代表しており、またなるほど小さな問題についての判断でも、その構成におけるなんらかの隠れた美質のゆえに、目を見張るほどに堅実で適切ではある。だが、すべての相似た会議体と同じように、庶民院は、突然の利己的な結びつきの活動に走ることも避けがたい。……恐るべき邪悪な利害が、なんらかの偶然によって、またほんの一時、主要な会議体を完全に掌握することも、つねにありえよう。したがって、構成を異にし、件の利害がまずもって支配しない、類を異にする第二院をもつことは、すこぶる有用なのである。」

これに対して、各国の議会の活動の実際について検討し、第一院の欠陥を補う第二院の役割について、バジョットの見地と重なる方向で、積極的な評価を下したのが、ジェームズ・ブライスでした。ブライスが、バジョットの『イギリス政治構造論』のおよそ半世紀後に出した『現代民主諸国』の中で指摘しているところによると、当時、立法機関についてもっとも頻繁に告発されていた欠陥は、つぎの二つです。

①「議会が、各国が所有する知識、知恵、経験の貯えのうちのほんのわずかのものを含んでいるにすぎない。」

②「議会が、一政党あるいはその社会の特定の階級の利害に沿って、しばしば十分な議論のためにたっぷりとした時間を認めることなく、ときにはさらに、支配的多数者中の多数派によって承

認された方策は、それがなんであれ支持するようにすべてのメンバーを拘束する支配的多数者の組織化という手段によって、立案された方策を拙速なあるいは圧倒的な気分で無理やり推し進める志向性をもった政党の支配下にとかく入ってしまいがちである。」

そして、ブライスは、このような欠陥の是正をはかるところに第二院の役割を見い出し、こう論じたのです。

「このような考察から示唆されるのは、こうした欠陥が存在し、直接的に選挙される議会の質を改善することによって、それらの欠陥を直す見込みがほとんどないところでは、その是正策は、第二院の創設の中に見い出されるということである。この第二院に集められるのは、その能力や国や自分たちが居住している地域に対してなしてきた貢献によって卓越している人、地方政府や国の内外での終身的公務などでの公的な任務で経験を積んできた人、あるいは、たとえば農業、商業、製造業、金融、教育などの国民生活の重要な分野についての特殊の知識を所有している人、あるいは旅行や研究によって、外国の事象や世界の一般的な動きについての理解をもっている人などということになろう。」

そして、ブライスはさらに、こう付言しています。

「そのような第二院は、より民衆的な下院の中にそれまでに集められてきた知識や知恵が何であれ、それらに付加されるべき特殊な知識や成熟した知恵の一種の貯水池となるであろう。」

このような議論の中で、近年目立つのは、一院制の国の増加です。二〇世紀の半ばに、スカンディナビア諸国は、ノルウェーを除いて一院制に移行しましたし、ニュージーランドも、一九五〇年に一院制に変わりました。第二次大戦後に植民地支配を脱して独立した国やポスト共産体制の国の場合も、一院制をとるのが一般的です。こうして、二一世紀初頭では、議会をもつ一八三ヶ国のうちの六割強に当たる一一五ヶ国で一院制がおこなわれていました。

これらの国々で一院制導入に当たって基本的な論拠となったのは、直接的に有権者の選挙によって選出される議員から成る議院の意思は、第二院によって妨げられてはならないということですが、その源流にシエイエスの議論があったことは、否めないでしょう。これに対して、最近の一院制論では、効率性と経済性が主論点として挙げられることが少なくありません。プエルトリコでは、二〇〇五年七月に二院制を一院制に改めることの是非を問うレファレンダムがおこなわれ、投票者の八四％が一院制を是とするという結果が出ましたが、このレファレンダムへ向けての運動の推進者たちが掲げた主理由は、一院制の方がカネがかからず、またより効率的だということでした。

しかし、このような一院制への活発な動きにもかかわらず、主要国首脳会議（G8サミット）への参加国（アメリカ、イギリス、フランス、イタリア、ドイツ、カナダ、ロシア、日本）が、すべて二院制をとっているのをはじめとして、世界の主要な民主国の多くは、いまなお二院制を維持しています。

なるほど、これらの国の二院制は、その成立の事情や第二院の議員の選出方法などの点で、けっして一様ではありません。アメリカやドイツの上院は、連邦制の下で各州を代表する議員から成り立っていますが、アメリカの上院議員は公選制で、ドイツの上院議員は州政府による任命制で、それぞれ選ばれます。これに対して、イギリスの上院は、貴族や聖職者を議員とする貴族院です。さらに、日本の参議院やフランスの上院は、下院と同様に国民一般を代表しますが、日本の参議院議員が有権者の直接選挙によって選ばれるのに対して、フランスの上院議員の選出には、下院議員と地方議会議員によって構成される選挙人団が選ぶという間接選挙方式がとられています。

このような成立の事情や第二院の議員の選出方法の違いにもかかわらず、世界の主要な民主国の多くが二院制を維持している理由は、ほぼ共通的で、バジョットやブライスの古典的な指摘に沿うものとみていいでしょう。要するに、二院制を支えている主な理由は、一院制の下での政治の質の低下に歯止めをかけ、下院における一時の時流に乗じた感情の支配を抑制し、一政党の多数を擁しての暴走に警鐘を鳴らし、駄目押しの熟慮に基づく判断を促すといった点に、第二院の役割を見い出すところにあります。

この関連で付け加えておく必要があるのは、第一院の議員の選挙に一人一区制が用いられている場合の第二院の役割です。一人一区制の下の選挙では、いわゆる三乗比の法則の作用によって、勝った政党の勝利が、議席数で誇張される傾向があります。三乗比の法則というのは、一人一区制の下でのイギリス下院議員選挙の結果の検討に基づいて、イギリスの政治学者が見い出したもので、第一位の政党と第二位の政党の得票数の比がA対Bであるとき、議席数ではA^3対B^3の開きになるというものです。二〇〇五年のわが国の総選挙での自民党と民主党の獲得議席数は、この法則の作用を如実に示した一つのケースといっていいでしょう。この総選挙で、小選挙区での自民、民主両党の得票率は、それぞれ四七・七七%、三六・四四%、つまり一・三対一の割合でした。ところが、議席率では、七三・〇%対一七・三%、つまり四・二対一で、得票率の比の五乗に近い開きになったのです。

要するに、一人一区制の下での選挙では、議会が、国民の間での意見の分布に適切に対応する縮図とはならない可能性なしとしません。ここで、世論の全体像に注意を払いつつ、時々の世論の動きに過度に影響されることなく、長期的な視野に立ち、成熟した判断力に導かれた第二院の対応が、いっそう重要な意味をもってきます。いいかえれば、今日のデモクラシーの下で、二院制の機能としてますます重要性を増しているのが、第一院に対する第二院のバックアップ機能であり、危機管理機能です。

議会が機能を果たすに当たっての担い手としての議員の数も、議院ごとに国によって、また時代によって、かなり異なります。

アメリカの場合、連邦憲法第一条第三節が、「合衆国上院は、各州二名の上院議員によって構成される」と定めていますので、一三州で出発したアメリカの上院議員は、当初二六人でした。その後、アメリカに編入される州の増加とともに、上院の規模は拡大を続け、カリフォルニアが三一番目の州となった一八五〇年に六二人に、ニューメキシコとアリゾナが、四七番目、四八番目の州となった一九一二年に九六人になり、さらにアラスカとハワイが相ついで州に昇格した一九五九年に、アメリカは五〇州を擁する国となり、上院議員数が一〇〇人に達して現在に至っています。

他方で、下院議員数についてアメリカ連邦憲法は、第一条第二節で「下院議員は、人口に比例して各州に配分される」と定めているだけですから、六五人の議員で始まった下院議員の数は、その後の人口増、新しい州の編入によって増加を続け、一八五〇年には二三四人になり、さらに一九一〇年には四三五人に達しました。この中で、このように不断に増加する議員数を抑制するために、一九二九年に制定された議席配分法によって、下院議員数は四三五人に固定されることになり、現在に至っています。

ただし、この間に一九五九年にアラスカとハワイが州としてアメリカに編入された際、これらの二州に臨時措置としてそれぞれ一議席が配分され、一九六〇年の国勢調査の結果による全国的な議席再配分に基づく一九六二年の中間選挙で選出された議員によって、一九六三年一月に第八八議会が発足するまで、下院議員の定数は四三七でした。ちなみに、一九六〇年の国勢調査に基づいてアラスカとハワイに配分された下院議席は、アラスカ一、ハワイ二でした。

これに対して、イギリス下院の議員数は、アメリカ連邦議会にくらべてかなり多く、一九一八年には、七〇七人にのぼりました。一九二一年に南アイルランドがアイルランド自由国として自治権を獲得したのに伴い、アイルランド選出の議員数が、北アイルランド分の一二人を残して削減されて、下院の総定数は、一九二二年には六一五に減少しましたが、その後の区割り変更等を経て、一九四五年までには再び六四〇にまで増加してしまいます。この事態をうけて、一九四四年から選挙区画定委員会が、三年から七年の間隔で選挙区の見直しを行う方式が導入され、この新方式での委員会の最初の勧告（一九四八年）によって総定数が六二五にまで減らされました。ところが、その後選挙区の見直しの間隔が一〇年から一五年（一九五八年）、八年から一二年（一九九二年）に改められて行われてきた委員会による数次の選挙区改定のたびごとに総定数は増え続け、一九九七年には六五九に達します。

その中で、一九九八年のスコットランド法によるスコットランドへの自治権の委譲に基づく一九九九年のスコットランド議会の発足に伴い、スコットランド選出の議員数が七二人から、スコットランドの選挙民数に見合う数の五九に減らされることになり、二〇〇五年総選挙から総定数は、六四六になりました。

その他の各国の議会の規模についてみますと、それぞれの歴史的背景

表Ⅴ－2　各国の議会の規模

	国	上院	下院
二院制の国	アメリカ	100人	435人
	イギリス	713	646
	イタリア	315	630
	オーストラリア	76	150
	カナダ	105	308
	ドイツ	69	598（基本定数）
	フランス	321	577

	国	国会
一院制の国	韓国	299人
	ギリシャ	300
	スウェーデン	349
	デンマーク	179
	ニュージーランド	120（基本定数）

や政治的・社会的事情などによってまちまちで、ドイツ、フランス、イタリアなどの下院は、六〇〇人前後の議員を擁する大規模議会ですが、オーストラリアの下院は、一五〇人の議員で構成される小規模議会です。このオーストラリアは別として、一院制をとっている国の多くの議会の規模は小さく、ニュージーランドとデンマークの国会は、それぞれ一二〇人（基本定数）、一七九人の議員を擁しているにすぎません。これに対して、二院制のフランスやイタリアでは、上下両院議員を合わせると九〇〇人前後にのぼります。

この中で、わが国の衆議院は、一八九〇年の国会開設当時、総定数三〇〇でした。この年のアメリカ連邦下院の総定数は、三三二でしたから、日米の下院は、ほぼ同規模であったわけです。ところが、アメリカは、一九二九年の議席配分法で下院の定数を四三五に抑えたのに対して、わが国では、選挙法改正のたびに定数増となり、一九二五年の普選法では、定数が四六六に達しました。その後、第二次大戦をはさんで一九五〇年代半ばまでは、この規模が維持されましたが、一九六四年に四八六に増加してからは、再び選挙法改正のたびに定数増となり、一九八六年には五一二を数えるに至ります。

それが、一九九二年の定数是正ではじめて一減となり、さらに一九九四年の小選挙区比例代表並立制の導入に当たって、総定数が五〇〇（小選挙区選出議員三〇〇人、比例代表選出議員二〇〇人）に削減され、続く二〇〇〇年の公職選挙法改正で比例代表選出議員の数が、さらに二〇人削減されて、衆議院議員の総定数が、現行の四八〇となりました。

また、一九四七年に総定数二五〇で発足した参議院は、一九七一年の沖縄復帰に伴い、沖縄県に定数二が配分され、総定数が二五二になりましたが、二〇〇〇年の公職選挙法改正で一〇減して二四二（選挙区選出議員一四六人、比例代表選出議員九六人）になりました。

国会議員の任期も、国ごとにまちまちですが、下院（一院制の場合は、国会）議員の任期は、三年から五年が一般的で、任期三年がオーストラリア、ニュージーランド、四年がドイツ、スウェーデン、デンマーク、ギリシャ、韓国、日本、五年がイギリス、フランス、イタリア、カナダなどの諸国です。例外的なのは、任期が二年のアメリカ下院議員と六年のスリランカ国会（一院制）議員です。

また、上院議員の任期は、イタリアでは、下院議員と同じで

表V-3　衆議院の議員定数の変遷

年	定数	事由等
1889年	300	小選挙区制
1900年	369	大選挙区制
1902年	381	定数12増
1919年	464	小選挙区制
1925年	466	中選挙区制
1945年	466	大選挙区制
1947年	466	中選挙区制
1953年	467	奄美群島復帰に伴う1増
1964年	486	定数是正　19増
1971年	491	沖縄復帰に伴う5増
1975年	511	定数是正　20増
1986年	512	定数是正　8増7減
1992年	511	定数是正　9増10減
1994年	500	小選挙区比例代表並立制
2000年	480	比例代表20減

表V-4　参議院の議員定数の変遷

年	定数	事由等
1947年	250	
1971年	252	沖縄復帰に伴う2増
1994年	252	定数是正　8増8減
2000年	242	定数是正　選挙区6減、比例代表4減

五年ですが、他の国の場合は、下院議員の任期より長く、アメリカ、オーストラリア、日本などで六年、フランスでは従来九年でしたが、二〇〇四年の選挙から六年に改められました。

ところで、議会の活動は、議員のみによって担われているのではありません。議会の活動にとって不可欠なのは、議員の活動を補佐する議会の裏方としての職員と個々の議員の活動を直接支える秘書です。わが国の国会には、現在、各議院の事務を分担する衆議院事務局と参議院事務局、「議員の法制に関する立案に資するため」の任務を担う衆議院法制局と参議院法制局、弾劾裁判所と訴追委員会のそれぞれの事務を担当する事務局、「議員の調査研究に資するため」の国立国会図書館が設置されており、これらの機関に現在(二〇〇四年)、総計四一〇六人の職員が配置されています。

さらに、これらの各機関の中で、国会での議員の活動を直接的に補佐する役割を演じているのは、①議院事務局の委員部、②常任委員会調査室、③議院法制局、④国会図書館調査及び立法考査局です。これらのうち、衆議院事務局委員部は、一〇課から成り、それらは、各常任委員会および特別委員会に関する事項を分掌し(衆議院事務局事務分掌規程第四条)、また、各常任委員会調査室は、衆議院の場合、次のような事務を担当します。

(1) 委員会の提出する法律案、議員の発議する法律案その他の議案等について、その起草のための調査、参考資料の作成および原案の要綱の作成。

(2) 付託案件(これに準ずる案件を含む)の提案理由、問題点、利害得失その他必要と認められる事項の調査および参考資料の作成。

⑶　⑴に掲げるものを除くほか、所管事項に関する法律の制定および改廃ならびに国政調査に資するための調査および資料の作成。

⑷　調査報告書の原案の作成。

⑸　付託案件の委員会報告書ならびに議院の会議における委員長の口頭報告の原案の作成。

⑹　その他所管事項に関する基礎的調査。

⑺　前各号に掲げる資料の収集整備。

（衆議院常任委員会調査室規程第五条）

さらに、衆参両院の各議員は、「その職務の遂行を補佐する」議員秘書二人と、「主として議員の政策立案及び立法活動を補佐する」秘書（政策秘書）一人を公費によって配置することができることになっています。両院の議員総数は、七二二人ですから、これらのいわゆる公設秘書の定員は、二一六六人となります。

結局、国会職員と議員スタッフを合わせて六二〇〇人を超えるスタッフが、わが国の国会で裏方として公費に基づいて活動していることになります。

このような議会の活動に対する補佐スタッフの規模の大きさの点で際立っているのが、アメリカ連邦議会です。一九九五年の場合、アメリカ連邦議会には、下院議員と上院議員の個人スタッフが、それぞれ七一八六人、四二四七人、下院と上院の常任委員会スタッフが、それぞれ一二六六人、七九六人、その他のスタッフが、下院と上院でそれぞれ一四六一人、一一二〇人、さらに合同委員会スタッフが一〇八人で、これらの補佐スタッフは、合計して一万六一八四人にのぼりました。

しかも、アメリカ連邦議会の活動を支えているのは、これらのスタッフだけではありません。アメリカ連邦議会には、議員や委員会のために必要な情報や分析のサービスを提供する連邦議会調査局、会計検査院、連邦議会予算局などの補佐機関が設けられており、これらの補佐機関で活動しているスタッフの数は、合わせて一万人前後に達します。結局、アメリカ連邦議会は、その活動に当たって二万五〇〇〇人を超える規模のスタッフによって支えられているわけです。

アメリカ連邦議会がこのような大規模なスタッフを擁しているのは、一つには、アメリカでは三権分離主義が制度的に確立していて、立法機能の中心的部分を議会が演じなければならないからであり、もう一つには、政策策定の中心的機能を担うのが、個々の議員であり、政党ではないからです。

5 国会改革への課題

ところで、Ⅱ章で検討したような最近の政治的・社会的変化の進行を背景にした新しいデモクラシーの展開の中で、国会の改革が現在、時の課題になっています。

二〇〇五年九月総選挙に際して、自民党は、「自民党からの一二〇の約束」と題する「マニフェスト」文書を出しましたが、その冒頭に「政治、経済、社会のあらゆる場面で、日本は今、さまざまな「改革」の実現を迫られています。それは日本が、さらなる飛躍を遂げていくために、避けて通れない道筋なのです」と書き、一二〇の約束の中に「国会・裁判所などの組織改革を推進」「国会改革を推進」の二つを含めました。

この自民党の国会改革の「約束」は、単に項目を掲げただけで、具体的にどのような改革を目指しているのかは、定かではありません。これに対して、民主党の「マニフェスト」文書では、より具体的に国会改革の当面の課題とし「議員年金をただちに廃止」することと、「国会議員定数一割以上削減、衆院比例の定数八〇削減」が掲げられています。

いずれにしても、自民党の「マニフェスト」が、「国会・裁判所などの組織改革」の推進について「国会、裁判所、会計検査院及び人事院の機構、定員、職員給与・手当について、思い切った改革方策を本年度中に取りまとめ、一八年の通常国会で法令改正を含む所要の措置を講じる」と説明しているところからすると、自民党もまた、議員定数の削減を国会改革の課題の一つとしているとみていいのかもしれません。

ところで、民主党の議員定数削減は、「ムダづかい一掃！」というスローガンの下で、「三年間で一〇兆円のムダづかいを一掃する」ための一つの手立てとして打ち出されています。たしかに、国会議員の一人一人に支出されている国費の額は、けっして小さくはありません。現在、国の一般会計から国会運営のために支出されているのは、およそ一三〇〇億円ですが、国会議員には、「一般職の国家公務員の最高の給料額より少くない歳費(現在月額一三二万八〇〇〇円、ほかに期末手当)、文書通信交通滞在費(月額一〇〇万円、非課税)、立法事務費(月額六五万円、会派支給)が支給されます。さらに、国会議員は、国費によって議員秘書三人を採用することができますが、これらの秘書の給料は、在職期間と年齢によって異なり、第一秘書と政策秘書の場合、中位で月額五二万円、第二秘書の場合、三五万円程度です。

結局、これらの給料関係だけで、議員一人当たりに支出される国費は、年間で六〇〇〇万円を超えますから、民主党の主張のように、衆議院議員の定数を八〇人削減すれば、給料分だけでも、年間五〇億円前後の節減が実現することになるでしょう。

しかし、議会の規模を検討する際に考慮すべき点は、経費だけではありません。同時に重要なのは、議会が代表機能、立法機能、政府監視機能などを効果的に果たすには、どのくらいの数の議員が必要か、会議体としての議会の適正規模はどの程度かという視点です。

実際問題として、衆参両院議員を合わせた国会議員の規模は七二二人ですから、サミット参加八か国中で、ロシアを別として、国会の規模は、カナダの四一三人、アメリカの五三五人、ドイツの六六七人についで小さく、第四位です。イギリスの議会も、貴族院を別とすれば、国民一般を代表する議員数は、六四六人ですから、ドイツやイギリスの六〇〇人台なかばの議会の規模が、わが国の国会の規模改革の一つの現実的な、当面の目安になるでしょう。

さらに、このような議員の数的規模とともに、あるいはそれよりいっそう重要な国会改革の課題は、議会活動を担うにふさわしい「選良」をどのようにして国会に送り出すか、です。この問題についての研究者として知られるイギリスの政治学者マイケル・ギャラガー（一九三八—）は、編著『比較の視点からみた候補者選択』（一九八八年）の序文で、この問題の重要性を端的に指摘して、こう論じています。

「候補者選定の重要性は、とかく過少評価されがちである。一見したところでは、それは、政党によっておこなわれる機能の中であまりはっきり見えない機能の一つであり、奥の院でおこなわれる単なる組織運営上の手続きであり、直接にかかわる人たちだけに関心があるもののように見えるかもしれない。しかし、事実において、それには、ずっと広範な意味が含まれている。選定される候補者の質が、選出される議員の質、その結果としての議会の質、しばしば政府構成員の質、さらにはある程度まで国の政治の質を決めるのである。」

このような考え方と軌を一にしているのが、「結局のところ、国の政治運営に当たる党の能力は、議会での党の代表者たちの器量に依存する」とする見地に立って、一九八一年に作成されたイギリス保守党の「保守党の下院議員候補者選考手続き要領」で、保守党の候補者選考手続きは、党の候補者選考担当者が、すぐれた能力をもった候補者を選抜する手段をできる限り有意なものとするねらいに沿って設計されています。その段取りは、およそ次の通りです。

①中央事務局が、候補志望者の志望書の受理の可否を決定する。
②可とした志望者について、副委員長が面接し、個人的資質、弁論能力、政治的経験、学歴等について審査する。
③この審査で可とした志望者について、選考委員会が、平均的議員の仕事の実習、政策の議論、新聞発表の準備、テレビ・インタビューの実演等によって審査する。
④この審査で可とした志望者を掲載した候補者リストを作成する。
⑤この候補者リストを空白選挙区の選挙区結社に送付する。
⑥選挙区選考委員会が、候補者を二五人程度に絞り込む。
⑦選挙区執行評議会が、絞り込んだ候補者を面接する。
⑧選挙区特別総会で最終選考をおこない、候補者を確認する。

ちなみに、イギリス労働党も、大筋では保守党の場合と似た次のような段取りで候補者を選考します。

①選挙区結社が、選考過程を開始する。
②全国執行委員会が、選考日程を承認する。

③選挙区支部・加盟団体が、候補予定者を指名する。
④選挙区執行委員会が、候補予定者の絞り込みリストを作成する。
⑤総会で候補予定者を面接する。
⑥選挙人団が、投票で候補者を選ぶ。
⑦全国執行委員会で、候補者を承認する。

要するに、イギリスの保守、労働両党の場合には、「候補者への道」が明示され、公開されていますが、これに対して、わが国の政党の場合には、「候補者への道」が未整備で、政治志望者のために広く開かれていません。なるほど、最近では、公募方式で党の候補者が選ばれることがありますが、いつ、どのような方法でおこなわれるかについて、明示的なルールが確立してはいません。このような条件の下で、政治への志をもった有為の青年が政治への道をこじあけるのが容易でないことは、いうまでもないでしょう。しかも、このような政治志望者の政治への道には、わが国で大増殖してきた世襲政治家たちが、立ちはだかっています。

二〇〇五年九月総選挙では、世襲候補は一六二人で、そのうち一三二人が当選しました。衆議院議員の二七・五%が、世襲議員ということになります。世襲議員がとくに多いのが一〇五人の自民党で、当選者中の三五・五%にのぼりました。これに対して、民主党の場合、世襲議員は一六人で、当選者中の一四・二%でした。また、自民党の世襲の新人候補についてみると、一四人中八人が小選挙区で当選し、四人が比例区で復活当選しました。当選率は八五・七%です。

政治家であった父母、祖父母などから地盤を継承した世襲候補は、父母や祖父母などの党内での影響力を背景に党の公認候補となる可能性が高く、確立した組織基盤と高い知名度とあいまって、選挙において圧倒的な優位に立つことは否めません。しかも、党の公認候補が一人に限られる小選挙区制の下においては、このような優位性は、ますます増幅されます。もちろん、日本国憲法第四四条は、選挙権と被選挙権について、「人種、信条、性別、社会的身分、門地、教育、財産又は収入によって差別してはならない」と定めていますし、世襲候補を法的に否とすることはできません。しかし、世襲議員の過度の増殖は、被選挙権の形骸化を招き、青年層の政治的閉塞感を助長することになります。特定の選挙区での被選挙権が、同一の家系の議員によって三〇年、四〇年、さらには五〇年にわたって排他的に享受されることは、民主政治の原理に照らして望ましいことではないでしょう。

世襲議員の増殖問題について、政党が適切な対応策を打ち出すべきときです。

VI　政府は、人間の欲求に対応するための人間の知恵の発明

1　天使でない人間の必要な道具としての政府

ジェームズ・マディソンが、「人間が天使であれば、政府は必要がなくなろう」と述べたことについては、I章で触れました。マディソンが意味したのが、人間は天使ではないので、人間にとって政府は必要だということであったことは、いうまでもありません。マディソンがこの論説を『ニューヨーク・パケット』紙に発表したのは、一七八八年二月のことでしたが、その二年後に公刊された『フランス革命に関する考察』の中で、エドマンド・バークは、「政府は、人間の欲求に対応するための人間の知恵の発明である」と説いて、より直截的に政府の意義を指摘しました。

これに対して、マディソンやバークと同時代人で、アメリカ独立革命期の指導的政論家として活躍したトマス・ペインは、一七七六年に公にした『コモン・センス』において、社会と政府とを対比して、「社会は、われわれの欲求によって生み出され、政府は、われわれの邪悪さによって生み出される」と論

じ、「政府は、その一番いい状態においても、必要悪である」と主張しました。もっとも、ペインも、政府のない状態を想定していたわけではありません。ペインは、議論をこう敷衍しています。

「われわれの幸福を、社会は、われわれの愛情を結び合わせることによって、積極的に増進し、政府は、われわれの悪徳を抑制することによって、消極的に増進する。」

いずれにしても、天使でない人間の社会生活は、政府なしには秩序を保ちながら、明日へ向けて維持していくことはできません。いいかえれば、政府は、天使でない人間の「必要な道具」です。この道具の必要性を人々が否応なしに実感するのは、地震や洪水などの大災害といった危機的事態に直面したときでしょう。とにかく、危機を乗り切るためには、強力にコントロールされた政治権力の行使によって、事態の打開策を講じなければなりません。その責務を担う中枢的機関が政府です。

二〇〇五年八月末に、アメリカのルイジアナ州ニューオーリンズが、大型ハリケーン「カトリーナ」に直撃され、街が壊滅的な被害を受けましたが、その一〇五年前の一九〇〇年九月には、西隣の州・テキサス州のガルベストンが、大型ハリケーンに襲われました。高潮によって死者が六〇〇〇人にのぼり、四万人が家を失ったと伝えられています。この危機に対処するため、テキサス州知事は、緊急の立法によってガルベストンの市政府の機能を停止させ、五人の委員から成る非常事態対応政府としての委員会を任命しました。ガルベストンが急速に復興され、大災害から立直ることができたのは、この委員会の活動によってでした。

この経験から、ガルベストンは、一九〇三年に改めて市の憲章を制定して、従来の非能率で非力な市議会と市政府の二元代表制を廃止し、知事の任命によってではなく、市の有権者の選挙によって選ぶ五人の委員によって構成される委員会が市の政治の運営に当たる方式を導入しました。後に市政における委員会方式として知られることになったこの制度の骨子は、およそ次のとおりです。

①五人の委員が、立法権と執行権をもつ。

②これらの五人の委員の共同責任で、条例の制定や財政の管理を行う。

③五人の委員のそれぞれが、公共事業、公共安全等の五部門を個別に統括する。

④委員の一人が市長に互選されるが、その役割は、儀礼的なものに限られる。

要するに、ガルベストンは、未曽有の危機に直面して、それを乗り切る能力をもった政府を必要としたわけですが、ガルベストンの市民は、この危機を乗り切った後でも、そのような能力をもった政府が必要だと悟ったのでした。実際に、大危機の場合だけに限りません。人々の社会生活上のさまざまな日常的問題の処理に当たって、政府は不可欠です。それどころか、政府は、今日ますますその必要度を高めてきているというべきでしょう。

二〇世紀アメリカの代表的政治評論家であり、政治学者でもあったウォルター・リップマンが、一九一三年に著した『政治学序説』において、二〇世紀の政府の変化についていち早く人々の注意を喚起したことについては、Ⅱ章で触れましたが、それは、ガルベストンが市政改革を目指して市委員会制を導入する市憲章を制定した一〇年後のことでした。そして、リップマンは、Ⅱ章で引用した文章の前後の箇所で、論旨を敷衍して「国家が単に抑圧の機関として認識される限り、国家がわれわれの生活に介入することが少なければ少ないほどよいということになる。……しかし、ひとたび国家を生活の快適さを高める機会の供給者とみるとすると、国家に対するすべての反対論はくずれてしまう」と書き、さらに現代の政府観の変化について、つぎのように指摘しています。

「無政府主義者が、国家は廃止されなければならないというとき、ことば通りのことを意味しているわけではあるまい。無政府主義者が廃止したいと欲しているのは、抑圧的国家であって、生産的国家ではない。政治を人間の利益に焦点を合わせる新しい国政についての見方をとれば、国家は、道徳の検閲者ではなくて、機会の創造者になり、新鮮で高い評価にあたいするものになる。」

2 内閣と首相

ところで、リップマンは、いま引用した文章を「政治的革命が、いま進行中である。警察官としての国家は、生産者としての国家にとって代わられつつある」と結んでいますが、リップマンが『政治学序説』を公にしたころからますます顕著化してきたのが、Ⅱ章で跡付けた政治の積極化、デモクラシーの大規模化、都市化などの進行を背景にした政府の変貌でした。この成り行きの中で、消極政治は積極政治へ、小規模政府は大規模政府（ビッグ・ガバメント）へ、夜警国家は福祉国家へと発展し、政府は、その相貌を一変させてきたのです。

しかし、政府のありようは、時代によって異なるだけでなく、国ごとにも一様ではありません。イギリスの歴史家トマス・カーライル（一七九五―一八八一）の有名な警句に「この国民にしてこの政府あり」というのがあります。この警句の含意が、政府の現実の姿は国民のレベルに対応しているのであり、大衆迎合政治に投影されているのも国民の姿そのものであり、政府の善し悪しは、結局国民次第なのだという国民への「戒め」にあったことは、いうまでもないでしょう。しかし、一般に、政府の実際のありようが、政治制度とともに、それぞれの国の国民のありようと密接に関連していることもまた、否めません。

一つは、政府の運営の中枢に位置する内閣の作り方です。わが国では、議院内閣制の下で、憲法の定めによって、閣僚の過半数は、「国会議員の中から選ばれなければならない」（第六八条）とされていますが、アメリカでは、三権分離の原則に基づいて、議員は、閣僚になることはできません。アメリカ連邦憲法には、こう定められています。「アメリカ合衆国の官職にある者は、在職中、いずれかの議院の議員となることはできない。」（第一条第六節第二項）

また、わが国と同様に議院内閣制をとるイギリスでは、稀に非議員が閣僚に選任されることがありますが、この場合は、この閣僚は、一番早くおこなわれる補欠選挙で立候補して議席をうるようにするのが慣例です。イギリスの政治学者で、世界政治学会の副会長をつとめたこともあるアンソニー・H・バーチ（一九二四—）は、『イギリス政治システム』（第一〇版、一九九八年）で、この慣例に触れてこう書いています。

「この種の非正統的な任命は、首相は両議院の中から閣僚を選ばなければならないという通則に対する例外である。ここで付言しなければならないのは、非議員が任命された場合には、これらの非議員閣僚は、（慣例上）貴族に列せられるか、数週間ほどの間に下院での議席を見いださなければならないということである。しかし、このことについてほとんど問題は起こらない。というのは、長期在職の平議員を説得して上院に移らせ、非議員の新閣僚がその結果としておこなわれる補欠選挙で議席を競うことを可能にするのは、難しくないからである。」

とにかく、イギリスでは、閣僚の任命においても、議院内閣制のタテマエが重んじられており、わが国のように、非議員が非議員のままで長期にわたって閣僚の地位にとどまることはありません。実際問題として、非議員の閣僚では、選挙を通じて有権者の評価に応じることもできません。

閣僚の任命方法もまた、国ごとにさまざまです。わが国では、首相が「国務大臣を任命する」（日本国憲法第六八条一項）と定められており、小泉純一郎首相は、自民党幹部などの意見を徴することもなく、単独で閣僚の選任に当たったと伝えられています。これに対して、アメリカでは、大統領は、指名した閣僚候補について上院の「助言と同意」をえなければなりません（アメリカ連邦憲法第二条第二節第二項）。

アメリカ連邦議会の歴史の中で、大統領が指名した閣僚に対して上院が同意を与えなかった例は、これまで一一例ありますが、その中の一つが、一九五九年六月一九日に四六対四九で否決されたルイス・ストローズ商務長官の選任人事です。当時、アメリカ政治学会の連邦議会フェローとして、連邦議会の内側からアメリカ政治の実際を観察する機会を与えられていた私は、たまたまこの採決のおりに上院の傍聴席にいたのですが、反対派の議員の長時間演説が終わったあとで、ようやく採決の段取りになったのは、夜一二時近くになってでした。共和党のアイゼンハワーが大統領でしたが、共和党議員の二人が反対票を投じた結果、この人事は、否決されたのです。もし、この二人の共和党議員が賛成にまわれば、四八対四七で可決されたわけで、決着が深夜に及んだ緊迫した議場の情景は、上院民主党の院内総務として議場で采配をふるっていたリンドン・B・ジョンソンの姿とともに、今でも私の記憶の中で鮮やかです。

そして、この投票の結果、「大統領は、上院の閉会中に生じるすべての欠員を補充する権限を有する。ただし、補充者の職権は、次の会期の終わりに終了する」とするアメリカ連邦憲法の定め（第二条第二節第三項）によって、前年の連邦議会の会期終了後にアイゼンハワー大統領に指名されて商務長官の職務を行っていたストローズは、辞任しました。

しかし、日本では、首相が「国務大臣を任命」することとされており、国会がその任命に関与することはできません。

首相や大統領などの政府の長の在任期間にも、国ごとにかなりの違いがあります。わが国では、一八八五年一二月二二日に内閣制度が創設され、伊藤博文を初代の総理大臣として伊藤内閣が発足しました。それから一二〇年を経た二〇〇五年九月二一日に成立した第三次小泉内閣での小泉首相は、第八九代です。首相の代次は、国会での首班指名選挙をうけて成立した内閣ごとに付せられますので、第一次小泉内閣が二〇〇一年四月二六日に成立したとき、小泉首相は、第八七代首相でした。実数でみると、小泉首相までで首相就任者の総数は、五六人です。

これらの首相の在任期間についてみますと、一八八五年一二月から二〇〇六年五月までの一二一年間で平均して二年二ヶ月です。一九四五年八月一七日に成立した東久邇内閣で区切ってみますと、それ以前の六〇年間に二九人の首相が入れ替わりましたので、この間の首相の在任期間は、平均して二年一ヶ月、一九四五年八月から二〇〇六年五月までの六一年間に首相の座についた二七人の在任期間の平均は二年三ヶ月です。第二次大戦後の方がやや長くなっているわけですが、それでも二年半に足りません（**表VI－1**参照）。

これに対して、アメリカの大統領やイギリス首相の平均在任期間は、日本の首相の二倍を超えます。アメリカの場合、大統領の任期は四年で、連邦憲法第二二改正（一九五一年）によって二期までに制限されることになりました。ただし、前任の大統領の任期の途中で大統領に就任した場合、前任大統領の残存の任期が二年以内であるときは、これに二期をプラスすることができると定められています

表VI-1 日本の内閣：1945～2006年

代	内閣総理大臣	成立日	代	内閣総理大臣	成立日
42	鈴木貫太郎	1945年4月7日	66	三木武夫	1974年12月9日
43	東久邇稔彦	1945年8月17日	67	福田赳夫	1976年12月24日
44	幣原喜重郎	1945年10月9日	68	大平正芳（第1次）	1978年12月7日
45	吉田茂（第1次）	1946年5月22日	69	大平正芳（第2次）	1979年11月9日
46	片山哲	1947年5月24日	70	鈴木善幸	1980年7月17日
47	芦田均	1948年3月10日	71	中曽根康弘（第1次）	1982年11月27日
48	吉田茂（第2次）	1948年10月15日	72	中曽根康弘（第2次）	1983年12月27日
49	吉田茂（第3次）	1949年2月16日	73	中曽根康弘（第3次）	1986年7月22日
50	吉田茂（第4次）	1952年10月30日	74	竹下登	1987年11月6日
51	吉田茂（第5次）	1953年5月21日	75	宇野宗佑	1989年6月3日
52	鳩山一郎（第1次）	1954年12月10日	76	海部俊樹（第1次）	1989年8月10日
53	鳩山一郎（第2次）	1955年3月19日	77	海部俊樹（第2次）	1990年2月28日
54	鳩山一郎（第3次）	1955年11月22日	78	宮沢喜一	1991年11月5日
55	石橋湛山	1956年12月23日	79	細川護熙	1993年8月9日
56	岸信介（第1次）	1957年2月25日	80	羽田孜	1994年4月28日
57	岸信介（第2次）	1958年6月12日	81	村山富市	1994年6月30日
58	池田勇人（第1次）	1960年7月19日	82	橋本龍太郎（第1次）	1996年1月11日
59	池田勇人（第2次）	1960年12月8日	83	橋本龍太郎（第2次）	1996年11月7日
60	池田勇人（第3次）	1963年12月9日	84	小渕恵三	1998年7月30日
61	佐藤栄作（第1次）	1964年11月9日	85	森喜朗（第1次）	2000年4月5日
62	佐藤栄作（第2次）	1967年2月17日	86	森喜朗（第2次）	2000年7月4日
63	佐藤栄作（第3次）	1970年1月14日	87	小泉純一郎（第1次）	2001年4月26日
64	田中角栄（第1次）	1972年7月7日	88	小泉純一郎（第2次）	2003年11月19日
65	田中角栄（第2次）	1972年12月22日	89	小泉純一郎（第3次）	2005年9月21日

ので、たとえば、前任の大統領が任期途中で死去し、副大統領から昇格した大統領は、死去した大統領の残存の任期が二年以内であれば、最大限一〇年間にわたって大統領に在任することが可能です。

もっとも、この第二二改正が施行される以前に三期以上をつとめた大統領が、アメリカに多くいたわけではありません。初代大統領ワシントンが三選を辞したことが、前例としての重みをもち、大統領三選を非とする伝統が形成され、この伝統に背馳した唯一の例は、一九三二年、三六年、四〇年、四四年と大統領選挙で四たび連続当選したフランクリン・D・ルーズベルトです。

ところで、第二二改正は、改正が連邦議会に提議された際に在任中であった大統領（ハリー・S・トルーマン）には適用されないこととされましたので、この改正の適用をうけた最初の大統領は、一九五三年一月に就任したアイゼンハワーからですが、ジョージ・W・ブッシュが二〇〇九年一月までの二

表VI－2　歴代アメリカ大統領：1945～2006年

大統領	政　党	就任日
ハリー・S・トルーマン	民主	1945年 4月12日
ドワイト・D・アイゼンハワー	共和	1953年 6月20日
ジョン・F・ケネディ	民主	1961年 1月20日
リンドン・B・ジョンソン	民主	1963年11月22日
リチャード・ニクソン	共和	1969年 1月20日
ジェラルド・R・フォード	共和	1974年 8月 9日
ジミー・カーター	民主	1977年 1月20日
ロナルド・レーガン	共和	1981年 1月20日
ジョージ・ブッシュ	共和	1989年 1月20日
ビル・クリントン	民主	1993年 1月20日
ジョージ・W・ブッシュ	共和	2001年 1月20日

期目の任期を全うするとしますと、一九五三年からの五六年間に登場した一〇人の大統領の平均在任期間は、五年七ヶ月ということになります。これらの一〇人中、二期八年にわたって在任した大統領は、アイゼンハワー、レーガン、クリントン、ジョージ・W・ブッシュの四人です（表VI－2参照）。

また、イギリスの場合、一九五五年四月に首相に就任したアンソニー・イーデンから、一九九七年五月に首相に就任したトニー・ブレアまで、九人の首相が内閣を率いました。二〇〇六年五月現在でみますと、これらの首相の平均在任期間は、五年八ヶ月ということになります。これらの首相の中で、在任期間の最長は、一一年六ヶ月のマーガレット・サッチャー、第二位が九年（二〇〇六年五月現在）のブレア、第三位が一九六四年一〇月から七〇年六月までと、七四年三月から七六年四月まで二度にわたって合計七年九ヶ月間首相をつとめたハロルド・ウィルソンです（表VI－3参照）。

表VI－3　歴代イギリス首相：1945～2006年

首　相	政　党	就任日
クレメント・アトリー	労働	1945年 7月26日
ウィンストン・チャーチル	保守	1951年10月26日
アンソニー・イーデン	保守	1955年 4月 6日
ハロルド・マクミラン	保守	1957年 1月10日
アレック・ダグラス-ヒューム	保守	1963年10月18日
ハロルド・ウィルソン	労働	1964年10月16日
エドワード・ヒース	保守	1970年 6月19日
ハロルド・ウィルソン	労働	1974年 3月 4日
ジェームズ・キャラハン	労働	1976年 4月 5日
マーガレット・サッチャー	保守	1979年 5月 4日
ジョン・メイジャー	保守	1990年11月28日
トニー・ブレア	労働	1997年 5月 2日

ちなみに、第二次大戦後の日本の首相の在任期間の最長記録は、佐藤栄作の七年八ヶ月で、二〇〇六年五月に在任期間が五年一ヶ月に達し、満五年の中曽根康弘を抜いた小泉首相が第二位です。また、一九五五年以降についてみますと、石橋湛山、宇野宗佑、細川護熙、羽田孜の四人の首相在任期間は、一年に足りません。主要国首脳会議（サミット）などの各国首脳が集う国際的な会議の場での日本の首相の存在感が薄い一つの理由がこのような在任期間の短さと関連していることは、否めないところでしょう。

3　人はパンのみにて生くるものにあらず

これまで、二〇世紀の進行とともに顕著化してきた政治の積極化について、あちこちで触れてきました。そして、今日注目しなければならないのは、この積極政治がさらに次の段階へ進んだことです。ウォルター・リップマンが、二〇世紀初頭期に発展した政府活動の領域として、「学校、街路、下水道、幹線道路、図書館、公園、大学、医療、郵便局、パナマ運河、農事情報、消防」を挙げ、これらは、一〇〇年前のジェファソン（大統領在任一八〇一—〇九年）の消極政治の時代の「政府の利用」とはまったく異なるものだと指摘したことについては、Ⅱ章で触れました。このリップマンの指摘から四〇年近くを経て、一九五一年に公にした『政治過程論』で、二〇世紀アメリカの代表的政治学者の一人と目されるデイヴィッド・B・トルーマン（一九一三―二〇〇三）は、一九〇〇年以前には存在しなかったか、あるいはほとんど存在しなかった連邦政府の活動で、その後急速に付加されてきた活動として、次のようなものを指摘しています。

社会保障およびそれに関連する業務、貿易上の慣行の規制、テレビ、ラジオ、電話および電信の統制、電力施設の所有と規制、民間航空輸送の促進と規制、農業貸付金の支給、農業生産物および農業市場の多くの局面の統制、公衆衛生活動、小包郵便、団体交渉の規制と保護、住宅および家屋担当、労働賃金および時間の規制、株式取引所および有価証券の公売の規制、銀行預金の保証、原子力の生産と使用

リップマンとトルーマンが列挙している連邦政府活動の分野の変化に投影されているのは、二〇世紀前半期における積極政治の発展とみていいでしょうが、これらの活動の一般的な特徴は、主として国民生活の物的経済的利益の増進にかかわるものであったことです。これらの分野の利益の追求のために二〇世紀に入って大発展してきたのが、経営者団体、労働団体、農業団体などのいわゆる圧力団体活動であり、トルーマンが『政治過程論』で検討したのが、アメリカにおけるこれらの圧力団体の活動であり、民主政治における圧力団体の意義でした。

その中で、一九六〇年代の終わりころから、政府の活動の分野のいっそうの拡大が進みましたが、ここで目立ったのは、従来の個々の国民の私的利益の増進に資するものとは類を異にする方向での政

府活動の発展でした。その一つが、環境問題への政府の取り組みにほかなりません。

アメリカでは、州の水質改善プログラムに対する連邦の援助を規定した水質汚染規制法が一九四八年に、州の大気の質改善プログラムに対する連邦の援助を規定する大気汚染規制法が一九五五年に、大気汚染防止プログラムの開発に対する連邦援助を規定するきれいな大気法が一九六三年にそれぞれ制定されて、連邦政府の環境問題への対応策が進められていましたが、この面での政府活動が格段に積極化したのは、一九七〇年代に入ってからでした。

まず、一九七〇年に石油の流出に対して石油会社に責任を負わせる水質改善法と自動車の汚染排出基準を設定する改正きれいな大気法が制定され、さらに環境保護庁が設置されます。続いて、一九七二年には河川湖沼への汚染物質排出に対する許可制を導入するために水質汚染規制法が改正され、一九七四年には安全な公共飲料水のための基準を設定する安全飲料水法が、一九七九年には自動車汚染排出と大気の質の基準の強化をねらいとする改正きれいな大気法が、それぞれ制定されました。

アメリカで、この一九七〇年代が「環境の年代（environmental decade）」と呼ばれるようになったのは、連邦政府のこのような環境問題への活動の活発化に照らしてのことですが、同時に見逃せないのは、このような時代を導き、政府活動を刺激した問題提起者が演じた役割です。これらの問題提起者の中でとりわけ注目されるのが、一九六二年に『沈黙の春』を著し、殺虫剤や除草剤の無分別な使用は、人間の健康や自然の健全さを脅かし、地球上の生物を危険な状態に陥れる可能性があると警鐘を鳴らしたレイチェル・カーソン（一九〇九—六四）や、一九六八年の講演で「共有地における自由は万人に破滅をもたらす」として、共有地における人間の私利私欲に基づく行動の非を説き、「共有地の悲劇」に人々の注意を喚起したガレット・ハーディン（一九一五—）です。

またこの関連で、従来の個別的な私的経済利益の追求を主目的として活動した経営、労働、農業などの関係諸団体とは異なって、「人はパンのみにて生くるものにあらず」とする価値観に立ち、社会の共通の利益の追求をねらいとして登場した「公共利益団体」の活動にも目を向ける必要があるでしょう。このような公共利益団体を代表する一つが、一九七〇年に設立されたコモン・コーズですが、その創設者であるジョン・W・ガードナー（一九一二—二〇〇二）は、コモン・コーズの手引き的小冊子『コモン・コーズ（共通の大義）を目指して』（一九七二年）の中で、コモン・コーズの存在意義を明らかにしながら、こう述べています。

『都市地域でぶつかりあっているすべての特殊利益団体が、なんらかの方法でよく均衡がとれていて、賢明で先見の明のある都市問題の解決を生み出してきたというわけではない。きれいな空気やきれいな水といった公共利益は、環境の領域での特殊利益団体のぶつかりあいによって促進されてはこなかった。利益団体多元主義は、国民としてのわれわれの活力の多くを説明してきたが、しかし、そこには明らかな限界がある。われわれには、特殊利益団体も必要であるが、同時に公共利益を代弁する強い声も必要である。もし、制度が完全に機能していれば、われわれの自治の道具が、そういった強い声として作用しよう。自治の道具がそのように機能しないとき、われわれの自由社会では、市民の集団が、自ら直接的に発言するのである。それこそが、建国以来の伝統である。」

ところで、わが国の場合、一八九一年の第二回帝国議会ですでに環境問題がとりあげられていたことが注目されます。問題提起者は、衆議院議員田中正造でした。田中は、一八九一年一二月一八日に提出した質問主意書において、「足尾銅山鉱毒ノ件」について次のように政府の見解を質したのです。

「栃木県下野国上都賀郡足尾銅山ヨリ流出スル鉱毒ハ渡良瀬川沿岸ノ各郡村ニ年々巨万ノ損害ヲ被ラシメ、明治二十一年ヨリ現今ニ亘リ毒気ハ愈々其度ヲ加へ、田畑ハ勿論飲用水ヲ害シ、堤防草木ニ至ルマテ其害ヲ被リ、将来尚如何ナル惨状ヲ呈スルニ至ルヤモ測リ知ル可ラス。数年政府ノ之ヲ緩慢ニ附シ去ル理由如何。既往ノ損害ニ対スル救治ノ方法如何。将来ノ損害ニ於ケル防遏ノ手段如何」

ちなみに、この質問主意書に対する陸奥宗光農商務相の書面での答弁の要旨は、次のようでした。

①耕地に被害あることは事実だが、被害の原因については気候ばい菌のためでなく、土壌化学的成分と土壌器械的組成とに基づくものらしいけれども、定論がない。

②政府でしばしば鉱山局長、工科大学教授等を派遣して検査させたが、鉱業人は鉱業上なし得べき予防を実施し、独米両国から粉鉱採集器を購入して、一層鉱物の流出を防止することに努めてい

る。（衆議院・参議院編『議会制度百年史　帝国議会史　上巻』一九九〇年）

また、研究者として環境問題への社会的関心の喚起につとめた先駆者の一人が、安部磯雄でした。安部は、一九二六年一二月に結成された社会民衆党や一九三二年七月に結成された社会大衆党の党首に推されるなど、第二次大戦前の無産政党のリーダーとしての活動によって一般には知られていますが、社会民衆党党首に就任して一九二七年一月に早稲田大学教授を辞任するまで、二八年間にわたって早稲田の教壇に立ち、「都市問題」を担当科目の一つとしていました。そのような背景で、安部が一九〇八年に著したのが、今日わが国での都市政治・行政研究の古典の一つとして位置づけられている『応用市政論』です。

そして、安部は、この著作の中で、都市経営の三大要件として、「衛生的」であること、「便利」であること、「住み心地の善き」ことを挙げ、この見地に立って「黒煙を禁止すべし」「電線を地下に埋むべし」「耳に不快なる所の音響は、なるべくこれを制止する所の方法を講ぜねばならぬ」と論じ、今日の環境保護・騒音防止問題に関する先駆となる議論を展開しています。

環境問題に目を向けたもう一人の先駆者として注目に値するのは、井上友一（一八七一―一九一九）です。井上は、内務省の役人で、神社局長、東京府知事などをつとめましたが、在任中早稲田大学に出講し、一九〇六年から一七年まで一二年間にわたって「自治行政及法制（一九一三年に「自治政策」と改称）」を担当して、しばしば環境政策について言及しました。このときの講義案をもとにした井上の著作の一つが、『自治興新論』（一九一〇年）ですが、井上が、この著作の中で「次に掃除行政のことを述べなければならぬ。之れは簡単に言ふと、何でもないやうなことであるが、其実中々さうでない。汚物は単に棄てる丈けではいけない。如何に之を利用すべきかと云ふことを研究しなければならぬ。西洋では此廃物利用と云ふことは、何れの都市でも趣味ある問題として研究されて居る」と説いているところにうかがえるのは、環境問題への井上の先見的な関心のあり方にほかならないでしょう。

しかし、わが国で、環境問題が現実政治の上で最重要の課題の一つとしての位置を占めるようになったのは、ようやく一九六〇年代に入ってからのことです。首相の国会演説で環境問題がもっとも早く真正面からとりあげられたのは、おそらく一九六六年の臨時国会での佐藤栄作首相の所信表明演説であったとみていいでしょう。佐藤首相は、この演説で環境問題への積極的な取り組みへ向けた決意を表明し、こう述べました。

「最近における大気の汚染、河川の汚濁等の公害は、国民生活の健全性を害し、国土美をむしばむ最大の要因となっております。政府は従来から対策に腐心してまいりましたが、この際、公害問題に関する施策を確立し、公害の防止を強力に推進するため、公害対策に関する基本法を制定することを決意し、早急に結論を得て次期国会に提案いたす所存であります。」

この決意に基づいて翌年の特別国会に提出され、成立したのが、「総合的な公害対策に対する社会的要請にこたえ、企業、国、地方公共団体等の公害防止に関する責務を明らかにするとともに、よって立つべき基本方針を定め、公害対策の総合的推進」を図ることをねらいとした公害対策基本法です。さらに、一九七〇年には、政府は、この公害対策基本法改正案など一四を数える公害対策関係法案を国会に提出して、成立させました。これらの法律は、「典型公害に土壌の汚染を追加する等の公害の範囲の拡大、各種の規制の強化、自然環境の保護の促進、事業者責任の明確化等を図る」ことをねらいとし、わが国における環境問題への政府の取り組みの一つの大きな画期を意味するものでした。これらの法案の審議に当たった第六四回臨時国会が「公害国会」と呼ばれるようになったのは、このためです。

そして、翌一九七一年七月一日には、環境庁が設置され、制度上、環境行政が確たる地歩を占めるようになりました。（内閣制度百年史編纂委員会編『内閣制度百年史』上巻、一九八五年）

その後、一九七二年に「自然環境の適正な保全を総合的に推進するため、基本理念その他自然環境の保全に関する基本となる事項を定めた」自然環境保全法が、九三年には、公害対策基本法を廃止して、その趣旨をいっそう徹底させるねらいで、「環境の保全についての基本理念として、①環境の恵沢の享受と継承、②環境への負荷の少ない持続的発展が可能な社会の構築、③国際的協調による地球環境保全の積極的推進という三つの理念を定めるとともに、国、地方自治体、事業者、国民の環境の保全に係る責務を明らかにした」環境基本法が、それぞれ制定され、また、環境庁は、設置から二〇年を経て、二〇〇一年一月六日に省庁再編に伴って、環境省に昇格しました。
このような経過の中に投影されているのが、政府活動の中での環境問題への取り組みの比重の増大であることは、いうまでもないでしょう。

4　第二段階の積極政治

一九七〇年代以降の政府活動の新しい展開は、環境問題の側面だけにみられるわけではありません。同時にとくに注目に値するのは、この時期における高齢化問題や男女共同参画へ向けての政府活動の活発化です。ちなみに、高齢化問題が政府活動の中で「国民的課題」として位置づけられるようになったのは、田中角栄内閣のときでした。

前任の佐藤栄作首相は、一九七一年の第六五回通常国会での施政方針演説で、「わが国の人口構成は、一五歳から六四歳までのいわゆる生産年齢人口が全体の約七〇%を占め、過去のどの時代よりもその比率が高く、この点から見れば、一九七〇年代のわが国は、現在その長い歴史の中でも、最も力の充実した時期、いわば壮年期にあるということができるのであります」と述べ、さらにこう続けました。「したがって、現代に生きるわれわれは、この旺盛な国民的エネルギーをさらに効果的に燃やし続けて一そうの進歩を遂げ、国家百年の磐石の基礎を確立しなければならないと信じます。」

要するに、佐藤首相の視線は、青年期から壮年期にかけての生産年齢世代に向けられていたといってもいいでしょう。しかし、翌年七月に佐藤首相から政権を引き継いだ田中首相は、首相としての最初の国会演説であった第七〇回臨時国会でおこなった所信表明演説で、一転して高齢者に目を向けた政策の重要性を指摘して、こう論じました。

「わが国は急速に高齢化社会を迎えようとしており、総合的な老人対策が国民的課題となっております。また、今日の繁栄のために苦難の汗を流してこられた方々に対する手厚い配慮が必要であります。中でも年金制度については、これを充実して老後生活のささえとなる年金を実現する決意であります。さらに、寝たきり老人の援護、老人医療制度の充実などをはじめ、高齢者の雇用、定年の延長などを推進してまいります。」

実際に、佐藤内閣から田中内閣への政権移行期は、わが国における高齢者政策の大きな変わり目の時期であったとみていいでしょう。一九七〇年国勢調査の結果によると、六五歳以上の高齢者は、一九六〇年からの一〇年間に二〇〇万人増えて七三九万人を数え、総人口中の比率も、五・七%から七・一%へと上昇していました。また、田中首相が所信表明演説をおこなった一〇月二八日の一〇ヶ月半前の日付で刊行されたのが、高齢者問題への社会的関心を強く刺激した有吉佐和子の『恍惚の人』でした。高齢化問題が政府活動の中での比重を一挙に高めることになったのは、こういった時代的文脈においてでした。

結局、一九七〇年代初頭を分岐点として、積極政治はいわば第二段階に入ったとみていいでしょう。そして、この段階において、民主政治の運営に当たっての政府の活動の様相に大きな変化が起こってきました。一つは、政策の実施過程における政府の役割が、ますます大きくなってきたことです。

一九世紀末から二〇世紀初頭にかけての積極政治の第一段階の当初、政治・行政二分法論という考え方が提起され、実際政治の運営のあり方にも大きな影響を及ぼしました。この議論の主唱者として知られるのが、ウッドロー・ウィルソンとフランク・グッドナウです。政治学者としてのウィルソンについてはこれまでにたびたび触れてきましたが、ウィルソンは、一九〇九年から一〇年にかけては、アメリカ政治学会の第六代会長をつとめました。グッドナウは、コロンビア大学の政治学者で、一九〇三年にアメリカ政治学会が設立されたとき、初代会長に就任し、一九一四年から二九年までは、ジョンズ・ホプキンズ大学の総長をつとめました。

このようにして、二人は、一九世紀末から二〇世紀はじめにかけての時期のアメリカの指導的な政治学者であったわけですが、この二人を代表的論者とする政治・行政二分法論によると、政治は、国家の意思の形成にかかわり、行政は、政治によって決定された国家の意思に沿い、その意思の実現に当たるものであり、政治は議会が、行政は政府が、それぞれ排他的に担うべきものとされました。

このような考え方を背景にして、市政の運営方式として考案され、導入されたのが、市支配人制です。本章の1で、一九〇三年にガルベストンに導入された委員会制について触れましたが、この委員会制は、効率的な市政改革の方法として全米的な注目を集め、一〇年後の一九一三年末までに三一六の都市がこの方式を採用するようになっていました。しかし、その中でこの方式による市政運営の実際上の問題点も指摘されるようになってきました。同一の機関が立法と執行の両機能をおこなうため、市政監視・批判機関が欠如してしまう、合議制を旨とする執行機関の間の意見や方針がややもすればまとまらず相拮抗し、行政運営が混乱し、渋滞するといった点です。

市支配人制は、これらの問題点を是正する市政運営方式として考案され、一九〇八年にバージニア州スタントンにはじめて導入されました。この制度の下で、有権者は、五人ないし七人程度の市議会議員を選び、これらの議員が立法に当たり、市政運営上の基本方針を決定し、さらに行政運営の専門家としての市支配人を任用して、市議会が指示した方向での、もっとも効率的で経済的な市行政の運営をこの市支配人に委ねます。また、市長は、市議会議員の互選で選ばれる場合と、市議会議員選挙とは別の市長選挙で選ばれる場合がありますが、市長選挙で選ばれた市長も、市議会に加わります。いずれにしても、市長の任務は、市議会においては議長をつとめ、対外的には市を代表して儀礼的役割を演じるところにあります。

政治と行政を分離し、効率と経済を市行政運営の旗印に掲げたこの市支配人制は、革新主義時代のアメリカ有権者の強い支持をえて、一九一四年にオハイオ州デイトンが採用してから急速に全米に普及し、一九三〇年には三八八の都市がこの制度の下にありました。さらに、現在では、およそ二七〇〇の都市がこの制度で運営されており、この制度がもっとも広範に普及したカリフォルニア州では、都市の九八％が、この制度を使っています。

しかし、政治・行政二分法論そのものは、政治の現実の展開の中で、いまではすっかり色褪せてしまいました。実際問題として、積極政治の第一段階で注目されたのは、政府の活動領域の拡大、政策課題の専門化・技術化、これらに伴うビッグ・ガバメントの発展などを背景とした政策決定過程における政府の地位の高まりです。この中で指摘されたのが、政策決定過程における議会の相対的な地位の低下による立法国家から行政国家への国家の変貌にほかなりません。そして、積極政治の第二段階に入ると、政府の役割がさらに一段と大きくなり、政策決定の実質的な力が、政府の手に移ってきました。議会が政策を決定した後で、その政策の実施段階で政府がさまざまな政策上の重要な決定をおこなうことになってきたからです。アメリカの政治学者で、公共政策研究で知られるマーク・E・ラッシェフスキー（一九四五―）は、この点についてこう説明しています。

「ある領域においては、連邦議会は、すべての可能な事態を予知できないので、規則を作成する権限を行政機関に委任する。また、他の領域では、問題が技術的にきわめて複雑であるために、連邦議会は、官僚制の専門知識に譲る。さらに、ときとして連邦議会は、立法時に議論が分かれた点についての決定をおこなうことができず、その法律について解釈をおこない、実施しなければならないときに、行政官僚が決定を行うのを余儀なくさせるのである。……加えて、法令の文言があいまいな場合もある。有害物質規制法は、一般国民を化学薬品への接触による「不当な危険」から守ることを目的としている。それでは、「不当な危険」とは何か。この場合、決定をおこなうのは、環境保護庁の任務である。」

事態の推移は、わが国においても同様です。一九九三年一一月に施行された環境基本法は、第一〇条で六月五日を「環境の日」と定めていますが、さらに国と地方自治体は、この環境の日の「趣旨にふさわしい事業を実施するように努めなければならない」こととされています。ここで「何がふさわしい事業か」の判断が、政府と自治体に委ねられていることは、いうまでもありません。また、この環境基本法は、第一六条で「政府は、大気の汚染、水質の汚濁、土壌の汚染及び騒音に係る環境上の条件について、それぞれ、人の健康を保護し、及び生活環境を保全する上で維持されることが望ましい基準を定めるものとする」と規定し、「望ましい基準」の判断を政府に委ねています。

積極政治の第一段階では、民主政治の実際の理解にとって不可欠なのは、「法案が法律になるまで」を明らかにすることでした。これに対して、積極政治の第二段階が進行する中で、「民主政治の今」を理解するカギとしてますます重要度を高めてきたのが、「法案が法律になった後で、何が起こるか」に監視の目を光らせることです。

積極政治の第二段階での政府の活動のあり方に大きな変化をもたらしてきたもう一つの要因は、政策決定の国際化の進展です。この面での事態の動きに日本国民が具体的な問題の展開によって気付かされたのは、一九八二年七月にイギリス南部の都市ブライトンで開かれた第三四回国際捕鯨委員会（IWC）総会で、商業捕鯨の五年間禁止が採択されたことでしょう。採択に当たって、アメリカ、イギリス、フランスなど二五ヶ国が賛成、ノルウェー、ソ連、韓国と日本などを含む七ヶ国が反対し、中国、スイスなどの五ヶ国が棄権しました。その後のIWC総会でも、この禁止方針は継続され、日本は商業捕鯨からの撤退を余儀なくされて、現在に至っています。

IWCによるこの捕鯨禁止の決定過程において大きな影響をふるったとみられているのが、自然保護団体の活動でした。そのような団体の一つが、一九六九年にアメリカで設立され、その後世界各国で設立された地球の友で、この団体は、資源保護の立場から捕鯨禁止へ向けての運動を展開し、各国政府に積極的に働きかけ、遂にIWCでの捕鯨禁止の決定をかちとったと評されています。「権力の位置するところ、そこに影響力が及ぼされる」と述べたのは、アメリカの政治学者V・O・キイでしたが、積極政治の第一段階では、もっぱら国内政治の決定過程への働きかけを活動の中心としていた圧力団体が、積極政治の第二段階で政策決定の重心が国際的な場に移動するに伴って、国際的決定過程に対する働きかけに活動の場を拡大してきたのです。

いずれにせよ、わが国の現在の環境政策は、一般に国際的な政策決定と密接に関連しています。一九九三年に施行された環境基本法は、前年の六月にブラジルのリオデジャネイロで開かれた環境と開発に関する国連会議（リオ地球サミット）で発せられた「持続可能な開発」の方向を目指す「リオ宣言」

に対応するものでした。また、一九九七年一二月に京都で開かれた気候変動枠組み条約第三回締約国会議で採択された、先進各国が二〇〇八年から二〇一二年の五年間における温室効果ガスの一九九〇年比で日本六％、アメリカ七％などとする削減数値目標を定めた「京都議定書」が、わが国の現在の環境政策の基本線として位置づけられていることも、いうまでもないところでしょう。

ちなみに、二〇〇二年三月に政府が定めた「地球温暖化対策推進大綱」は、京都議定書に定められた温室効果ガス排出量を六％削減するというわが国の約束のうち、三・九％に相当する一三〇〇万炭素トン程度を森林の吸収量によって確保することを目標とするものでした。そして、その目標の達成を目指して二〇〇二年一二月に政府によって策定されたのが、①健全な森林の整備、②保安林等の適切な管理・保全等の推進、③木材・木質バイオマス利用の推進、④国民参加の森林づくり等の推進などを柱とする「地球温暖化防止森林吸収源十カ年対策」です（『時の動き』二〇〇三年四月号）。

5　大型船乗組員としての公務員

英語で「治める」「政治運営に当たる」に相当するのは、‘govern’ですが、この言葉の原意は、「船の舵を取る」ということです。実際に、国家は、昔からよく船にたとえられてきました。船長の指揮下に乗組員が運航上のさまざまな役割を担い、乗客の快適な船旅に意を用いつつ、荒波を乗り越えて目的地に向かって進んで行くといった営みが、国家のあり方と似かよっているからでしょう。渡し舟のような小舟であれば、船頭一人で操舵し、乗客を対岸へ運ぶことができます。しかし、乗客が数百人を超える客船ということになると、船長以下大勢の乗組員がいなければ、運航できません。

大型船としての国や地方自治体の乗組員が、国家公務員や地方公務員です。これらの公務員がいなければ、国や自治体は運営できません。政党研究の古典として位置づけられる『政党社会学』を一九一一年に著したのが、ドイツ生まれの政治社会学者ロバート・ミヘルスですが、この本の中で、ミヘルスは、大規模政党において日常的な党運営上の職務に当たる党職員の不可避的な発展について注意を喚起していますが、政党に限らず、一般に大規模組織には、その組織の運営にたずさわる職員が欠かせません。

『公務員白書』(平成一七年版)によると、二〇〇五年はじめの時点で、一般職の国家公務員が六五万三〇〇〇人、一般職の地方公務員が三〇八万四〇〇〇人で、合計して三七三万七〇〇〇人が、国や自治体の日常的な行政運営上の職務にたずさわっていました。国民の三四人に一人が、一般職の公務員ということになります(**表Ⅵ－４**参照)。ちなみに、行政管理研究センターがおこなった公務員(国家公務員、地方公務員および政府系企業職員を含む行政職員)数の日米英独仏の五ヶ国比較によりますと、人口一〇〇〇人当たりの公務員数は、一九九八年現在で、日本の三六人に対して、フランスが八七人、イギリスが七六人、アメリカが六七人、ドイツが五九人でした(行政管理研究センター調査研究部編『データ・ブック　日本の行政　二〇〇三』二〇〇三年）。

日本の場合、二〇〇一年四月以降の国立大学法人化や非特定独立行政法人化により、これらの法人の職員は、国家公務員の身分を離れ、他方で、公務員数の削減も行われてきましたので、二〇〇五年現在での人口一〇〇〇人当たりの公務員数は、二九人です（**表Ⅵ-5**参照）。

ところで、最近のわが国では、公務員に対する風当たりがますます強いようです。自民党は、二〇〇五年九月総選挙の際のマニフェストで、「国家公務員に関す

表Ⅵ-4　日本の公務員数

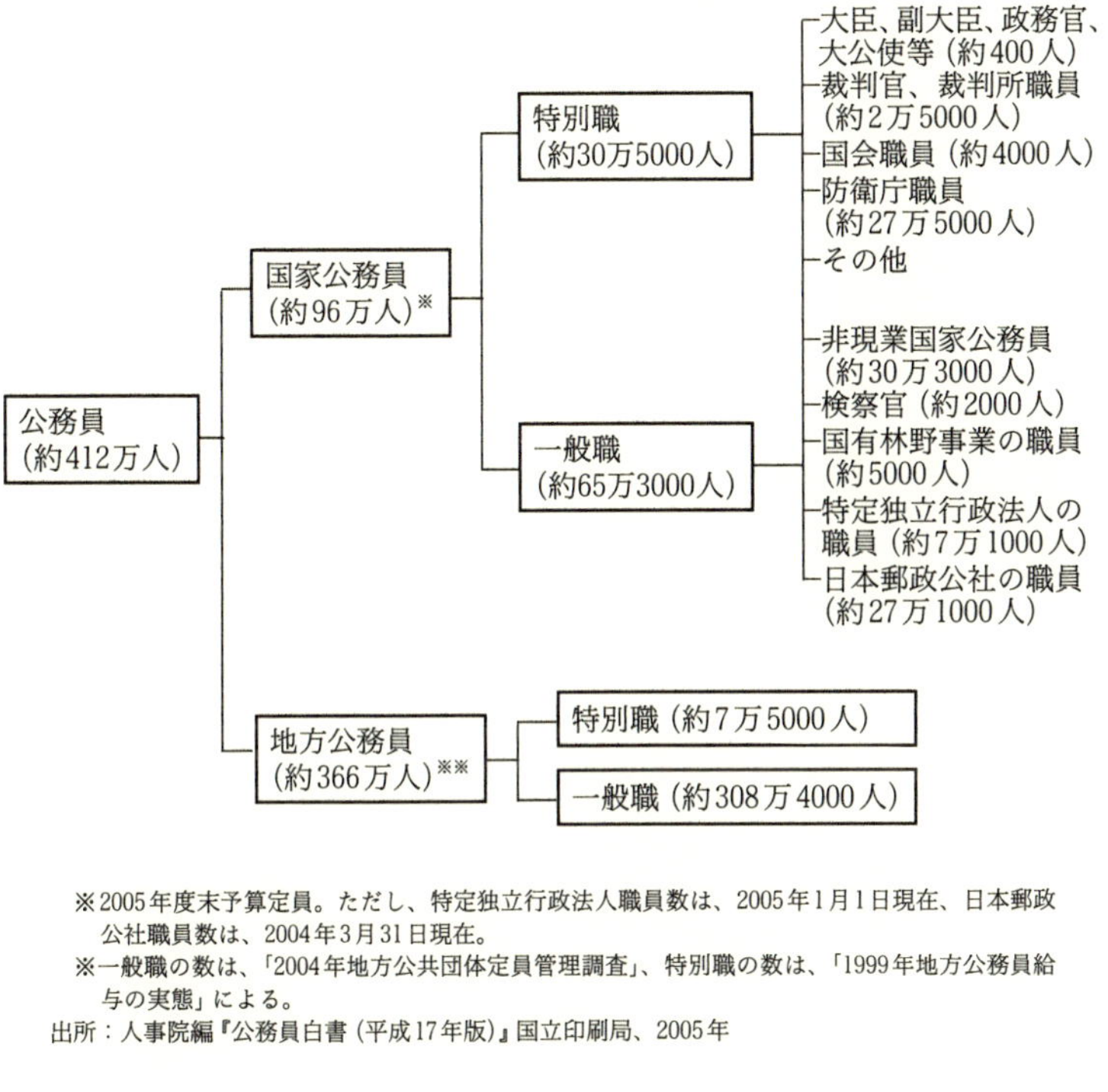

※2005年度末予算定員。ただし、特定独立行政法人職員数は、2005年1月1日現在、日本郵政公社職員数は、2004年3月31日現在。
※一般職の数は、「2004年地方公共団体定員管理調査」、特別職の数は、「1999年地方公務員給与の実態」による。
出所：人事院編『公務員白書（平成17年版）』国立印刷局、2005年

る改革」の実施を「自民党からの一二〇の約束」の一つとして掲げ、その改革の柱として次の三つを挙げましたが、公務員に対する国民の間の批判点に大筋で対応していたとみていいでしょう。

①能力、実績主義の人事、再就職の適正化等を推進するための公務員制度改革

②国家公務員の給与・退職手当体系の見直し、定員についての思い切った純減の実現による総人件費の大幅な削減

③公的部門の法令遵守を監視する機能の強化、官製談合や不適切な公金管理等の不祥事に対する厳正な対処

とにかく、不適切な公金管理に基づく不祥事や官製談合が次々と露見するといった事態が、国民の公務員批判のボルテージをどんどん上げてきたのも当然のことというほかありません。平成一七年版の『公務員白書』は、「平成一六年中における主な不祥事としては、警察庁の都道府県警察における捜査費等流用事件、厚生労働省の地方労働局における不正経理等がある」とし、さらにこう報告しています。

「一般職の国家公務員の懲戒処分については、ここ数年、現業等職

表VI－5　日本の地方公務員数の推移

年	都道府県	市町村、組合	計
1990	1, 741, 447	1, 486, 871	3, 228, 318
1995	1, 726, 263	1, 552, 069	3, 278, 332
2000	1, 666, 944	1, 537, 348	3, 204, 292
2001	1, 648, 467	1, 523, 065	3, 171, 532
2002	1, 638, 341	1, 505, 982	3, 144, 323
2003	1, 630, 316	1, 486, 688	3, 117, 004
2004	1, 620, 876	1, 459, 648	3, 080, 524

員の処分件数が大幅に増加していることなどから平成七年以降一〇年連続で増加しており、平成七年から一六年までの最近一〇年間で約二・三倍になっています。」

古代ローマの歴史家タキトゥスは、「国が腐敗すればするほど、法律が増える」という箴言を残していますが、現実の事態に照らして、積極政治の第二段階で政府の決定権力が不可避的に増大し続ける中で、天使でない人間による政治の担い手としての公務員の行動規範が、自民党のマニフェストが提起するような方向でますますきびしくなるのは、避けがたいことでしょう。ジェームズ・マディソンが、「もし、人間が天使であれば、政府は必要がなくなろう」と論じたことについては、本章の冒頭でも触れましたが、それから二二〇年近くを経た今、改めて注目すべきは、マディソンが、この文章に続けてこう書いていることです。

「もし、天使が人間を治めるのであれば、政府に対する外的なコントロール手段も、内的なコントロール手段も、必要なかろう。しかし、人間の上に立つ人間によって運営されるべき政府を形成する場合には、そこに大難題が横たわっている。まず第一に、政府が被治者をコントロールできるようにしなければならないし、次に政府に自らをコントロールする義務を負わせなければならないのである。」

しかし、同時に必要なのは、公務員がその矜持を持ちつつ、能力を十分に発揮できるような条件を整備することです。それなしには、国民の監視の目と政治家の服従への圧力の下で、政府組織内の自由闊達なコミュニケーションは、塞き止められ、「現代文明の生きた最良の道具」（ローレンス・ローウェル）としての公務員の能力を十分にひき出すことができず、行政運営は活力を失っていくでしょう。

この関連で再考する必要があるのは、公務員「公僕」観です。とにかく、「理屈の上では、国民の公僕である役人が国民の代表である議員の意見を聞くことに何の不思議もない。しかし本当に「公僕」か、本当に「代表」か、という疑問があるときには、理屈通りにはいかない」（『朝日新聞』「天声人語」二〇〇二年四月四日）、「国民が求めるのは、「公僕」にふさわしい英知と志の高い官僚像である」（『産経新聞』「一筆多論」二〇〇四年二月一六日）などといった文章からうかがわれるのは、わが国での公務員＝公僕といった考え方の定着ぶりにほかなりません。

しかし、言葉を正しく理解すれば、この用法が民主政治にふさわしくないことは、すぐにわかるはずです。「僕」は、「男の召使い、しもべ、奴隷」を意味しますから、「公僕」は、「国民や市民の召使い」ということになるでしょう。所用である市の市役所をたずねたとき、カウンター越しに男性の市民と男性の市職員とが言い争っている情景を目にしたことがあります。この争いにとどめを刺したのは、市民が市職員に浴びせたこの言葉でした。「あんたは公僕だろ」。「市職員は、市民の召使いなのだから、市民の言うことを聞け」というニュアンスに聞こえました。市職員は、その響きにひるんでしまったようです。

しかし、この職員観は正しくありません。国民の法の下の平等を謳った日本国憲法第一四条の規定をもち出すまでもないでしょう。民主政治において、公務員は、召使いでも奴隷でもありません。国民や市民と公務員の関係は、主従関係ではなくて、社会の運営における役割の分担関係です。船の乗組員は、乗客の召使いではないでしょう。あるいは、「僕」は「男の召使い」ですから、現在国家公務員のおよそ二割を占める女性公務員は、「公僕」ではなくて、「公婢」と呼ぶべきなのでしょうか。いま改めて玩味したいのは、リンカーンの次の言葉です。

「私は、奴隷になりたくないのと同様に、奴隷所有者にもなりたくありません。これが、民主政治についての私の考え方です。」

VII　民主政治の新しい夜明けへ向けて

1　人口減少・高齢社会のデモクラシー

二〇〇五年末に総務省が発表した二〇〇五年国勢調査の速報値によると、日本の総人口は、一億二七七五万七〇〇〇人で、前年一〇月の推計値一億二七七七万六〇〇〇人より一万九〇〇〇人減少しました。前回の二〇〇〇年国勢調査結果に基づく国立社会保障・人口問題研究所の二〇〇二年推計では、二〇〇六年が人口のピークで、二〇〇七年から人口減少が始まるとされていましたから、人口減少の始まりが二年早まったことになります。

わが国の人口動向についてみるとき、同時に注目しなければならないのは、この人口減が人口中の高齢者層の増大を伴っていることであることはいうまでもありません。VI章―3で、田中角栄首相が、一九七二年七月に国会でおこなった所信表明演説で、「総合的な老人対策」を「国民的課題」としてとらえたことについて触れましたが、わが国の高齢化は、さらにその後も不断に進行し、一九八〇年には、六五歳以上の高齢者が一〇〇〇万人（人口中の九・一％）に達し、二〇〇〇年には、二二〇〇万人（一七・三％）を超えました。そして、総務省が二〇〇五年九月一五日現在で発表した推計値によると、六五歳以上の高齢者は、二五五六万人にのぼり、人口中のちょうど二〇・〇％でした（表Ⅶ－1参照）。

表Ⅶ－1　年齢3区分別人口の比率

年	0～14歳	15～64歳	65歳以上
1950	35.4%	59.6%	4.9%
1955	33.4	61.2	5.3
1960	30.2	64.1	5.7
1965	25.7	68.0	6.3
1970	24.0	68.9	7.1
1975	24.3	67.7	7.9
1980	23.5	67.3	9.1
1985	21.5	68.2	10.3
1990	18.2	69.5	12.0
1995	15.9	69.4	14.5
2000	14.6	67.9	17.3
2005	13.9	66.2	19.9
2010	13.4	64.1	22.5
2015	12.8	61.2	26.0
2020	12.2	60.0	27.8
2025	11.6	59.7	28.7
2030	11.3	59.2	29.6

注：2000年までは、総務省統計局編『我が国人口の概観』2002年に、2005年以降は、国立社会保障・人口問題研究所編『日本の将来推計人口（平成14年1月推計）』2002年による。

ここで注目すべきもう一つの点は、この間に日本の高齢化がアメリカの水準を超え、その差が拡大を続けていることです。つまり、一九九〇年には、人口中の六五歳以上の比率は、日本の一二・〇％に対して、アメリカは一二・四％でしたが、一九九五年には、その比率が、一四・五％と一二・五％になって、日本の方が二ポイント上まわり、さらに二〇〇〇年には、それぞれの比率一七・三％と一二・三％で、差が五ポイントに広がりました。日本が、二〇〇〇年の時点でイタリア（一八・一％）、スウェーデン（一七・四％）に次ぐ高齢国になったのは、このような高齢化の進行を背景にしてのことでした。

ところで、二〇〇二年推計によると、二〇三〇年には、二〇〇六年とくらべて、総人口はおよそ一〇〇〇万人減少し、六五歳以上の高齢者は八六〇万人増えて、総人口の二九・六％を占めることになります。

この人口減について、論者の中には、この程度であればとくに問題とするに足りないと説く人がいます。二〇三〇年の五〇年前の一九八〇年の人口規模とほぼ同じだからです。たしかに、一九八〇年の国勢調査結果について解説した総理府統計局編『我が国の人口』（一九八三年）は、人口増加率と出生率がともに戦後最低を記録したと淡々と叙述しているだけで、この人口動向にとくに問題を見い出してはいません。しかし、目を向けなければならないのは、一九八〇年から二〇三〇年までの間の人口の中身の大きな変化です。

一九八〇年には、総人口中の一〇六四万七〇〇〇人が六五歳以上で、人口の一〇人に一人弱（九・一％）でした。これに対して、二〇三〇年には、三四七七万人が六五歳以上で、人口の一〇人中三人弱（二九・六％）に達するとみられています。人口中の高齢者の比率が、この五〇年の間に三倍になるわけです。有権者の中でみますと、六五歳以上の高齢者の比率は、一九八〇年には一三・二％でしたが、二〇三〇年には三五・〇％になると見積もられています（**表Ⅶ－2**参照）。

このような超高齢社会の文脈で展開されるシルバー・デモクラシーに、どのような問題が生起し、それらの問題についてどのような解決策があるかには、日本が参考とすべき先行指標がありません。

これまでの都市化・工業化社会の文脈でのデモクラシー、デモクラシーの大規模化、政治の積極化などに伴って起こる問題への対応については、アメリカやイギリスなどの先行経験が、日本のデモクラシーにとっての道標の役割を演じてきました。

しかし、人口が一億人を超える国での人口減少、超高齢化といった事態は、世界史上わが国がはじめて経験することであり、参考とすべき前例がありません。詩人の高村光太郎は、「道程」と題する詩を「僕の前に道はない　僕の後ろに道は出来る」と書き出していますが、日本のデモクラシーの一つの分岐点に立つ今、有権者と政治家が共有すべきは、この思いです。

表VII-2　高齢有権者の推移

年	65歳以上の人口 (1000人)	全有権者中の比率 (%)
1980	10,647	13.2
1990	14,895	16.5
2000	22,041	21.8
2010	28,735	27.5
2020	34,559	33.5
2030	34,770	35.0
2040	36,332	39.1
2050	35,863	41.8

注:2000年までは、総務省統計局編『我が国人口の概観』2002年に、2010年以降は、国立社会保障・人口問題研究所編『日本の将来推計人口（平成14年1月推計)』2002年による。

2　政治家に求められる五つの資質

ところで、政治家に不可欠の資質として、ドイツの社会学者マックス・ウェーバー（一八六四—一九二〇）が、情熱と責任感と判断力を挙げたことは、よく知られています。ウェーバーがこのように述べたのは、一九一九年一月にミュンヘンでおこなった講演においてでしたが、それから九〇年近くを経た今日でも、政治家にとってのこれらの資質の重要性は、疑うべくもないでしょう。

しかし、ウェーバーが挙げた三つの資質だけでは、今日の政治家は、期待されている役割に十分に応じることができません。ウェーバーの時代と今日とでは、デモクラシーのありようが大きく異なっているからです。ウェーバーの時代は、まだ政治の積極化の最初期でしたし、男女の普通平等選挙権に基づく大規模デモクラシーが発展する以前でした。実際に、ドイツで二〇歳以上の男女に選挙権を認めたワイマール憲法が公布されたのは、ウェーバー講演から半年余り後の一九一九年八月のことでしたし、アメリカで女性参政権を確立させた連邦憲法第一九改正が批准されたのは、さらにその一年後の一九二〇年八月のことでした。

いずれにしても、有権者が一億人を超え、積極政治が第二段階に入り、有権者中の二五％が六五歳以上の高齢者によって占められているといったわが国のデモクラシーの現実に照らせば、これらの有権者に対するコミュニケーション能力が、政治家にとって不可欠の資質としてますます重要度を高めていることは、改めて論じるまでもないでしょう。エドマンド・バークは、一七七四年にブリストルの選挙民に対して行った演説の中で、有権者と議員との間のコミュニケーション関係に触れて次のように述べていますが、このような相互の関係の重要性は、今日、格段に高まっているといわなければなりません。

「選挙区民ときわめて緊密に結びつき、親密な交信関係に立ち、率直な意思疎通の関係を保って生きることが、議員の幸福であり、誇りでなければなりません。」

しかし、デモクラシーの大きな分岐点に立つ今日の日本では、もう一つの資質が政治家に問われなければなりません。その資質が、「明日への構想力」です。この能力を欠いた政治家を国会へ送り出しても、日本の政治の展望は開けません。「小政治家は、次の選挙を考え、大政治家は、次の時代を考える」という警句を残したのは、アメリカの著述家ジェームズ・クラーク（一八一〇―八八）でしたが、国会が小政治家たちのたまり場になってしまったら、水先案内人を欠いたまま、日本の政治は、漂流するほかなくなってしまいます。

3　英知に富んだ民主政治観が政治家の不可欠の基礎要件

しかし、民主政治の政治家にとっての基本的な前提条件は、「民主政治とは何か」についての理解であり、英知に富んだ民主政治観です。

二〇〇五年九月の総選挙結果について、自民党の圧勝であり、郵政民営化をはじめとする自民党の政策が圧倒的に国民によって支持されたとする見方が、広くおこなわれてきました。この中で、二〇〇六年一月一八日に東京・港区の新高輪プリンスホテルで開かれた総選挙後最初の自民党定期党大会で、武部勤幹事長が、「小泉改革の本丸である郵政民営化の是非を国民に直接問いかけた衆院総選挙が九月に行われ、わが党は、二百九十六議席を獲得し、圧勝しました。特に、都市部における伸張は目覚ましく、新人候補も、公募候補二十二人を含む八十三人が当選し、まさに「新しい自民党」の幕開けとなりました」と意気揚々と「党情報告」をおこなったのは、幹事長としての立場から当然のことでしょう。

また、この党大会に来賓として出席した日本経団連の奥田碩会長が、「ゲストスピーチ」で、「昨年の総選挙では自由民主党は歴史的な大勝利をおさめられました。これは小泉総裁の改革への強い決意が国民を大いに動かしたからだと思います。選挙で示された国民の大きな期待にこたえるために、改革の流れをさらに加速していただきたいと思います」と述べて、自民党にエールを送ったのも、総選挙結果についての一般的評価を背景にしてのことであることは、疑うべくもありません（『自由民主』二〇〇六年一月三一日）。

しかし、ここで注意しなければいけないのは、小選挙区制が議会を国民の意見の縮図にする選挙制度ではないということです。要するに、小選挙区制は、「活動できる多数派（working majority）」を生み出すことを第一義とした制度であり、より端的にいえば、多数派に「下駄を履かせる」制度にほかなりません。

アメリカの政治学者E・E・シャットシュナイダー（一八九二―一九七一）が、政党論の名著として知られる『政党政治論』（一九四二年）で、小選挙区制が政党に及ぼす影響について次の二点を指摘しているのは、このことと関連しています。

①小選挙区制は、勝った政党の議員数を誇張する傾向がある。

②勝利が大きければ大きいほど、その勝利はますます誇張される。

また、この傾向を三乗比の法則として提示したのは、イギリスの政治学者デイヴィッド・E・バトラー（一九二四―）らでした。V章でも触れましたが、イギリスの総選挙ごとの結果について検討すると、二つの主要政党の全国的な得票数の比が、A対Bである場合、両政党間の議席数の比は、A^3対B^3に開く傾向が顕著にみられたからです。

結局のところ、小選挙区制の下では、議会内の多数派が、それと比例した国民の中の多数の声を反映しているわけではありません。そこで必要になるのが、議会の中での討論であり、多数派と少数派の意見の相互浸透の試みです。また、わが国では落選候補者に投じられた票を「死票」といういい方をしますが、これは適切ではありません。当選した議員は、自分の選挙区で落選者に投じられた票が、三割、四割、ときには五割を超えていることを念頭において議会内で行動すべきなのです。落選者に投じられた票を死なせてしまったら、議会制デモクラシーは、形骸化するばかりです。

二〇〇五年総選挙で小選挙区で落選し、比例代表で復活当選した候補者が一一七人を数えましたが、そのうちの四六人の惜敗率は、九〇％を超えていました。小選挙区での当選者と落選者の票差は、ごく僅かであったわけです。これらの四六人の中で、惜敗率が一番高かったのは、滋賀第三区の落選者の九九・六%でしたが、この選挙区では、当選者と第二位得票者との票差は、二六六票で、得票率六・五%のもう一人の落選候補者がいましたので、当選者の得票率は四六・八%でした。こういった状況の中で、落選者に投じられた過半数の票が死票として国会で考慮の外におかれてしまっては、民主政治は名のみになってしまうでしょう。

とにかく、この総選挙で、自民党は、小選挙区で議席の七三・〇%を獲得しましたが、得票率は、四七・八%でした。民主政治家が目を向けなければならないのは、この落差です。

同様にして、国会の中で多数派が反対意見を「邪」として切り捨てるのも、民主政治の下での政治家のとるべき道ではありません。ウォルター・リップマンは、一九三九年に書いた評論で、「反対党は、不可欠である。よい政治家は、他の賢明な人がだれでもそうであるように、つねに、自分の熱心な支持者からよりは、反対者からより多くのことを学ぶのである」と説き、一九四五年から五一年までイギリス労働党内閣の首相をつとめたクレメント・アトリー（一八八三―一九六七）は、一九四八年の労働党大会での演説で、「民主的自由の基礎は、他の人が自分自身より賢いかもしれないと考える度量だと思います」と述べましたが、民主政治の下での政治家が耳を貸すべきは、このようなリップマンやアトリーの言葉でしょう。

そして、このようなリップマンやアトリーの視点と重なる方向で多数決原理についての考え方をきわめて明快に提示したのが、オーストリア生まれで、一九三〇年代にアメリカに亡命し、ハーバード大学やカリフォルニア大学（バークレー）で、国際法、政治理論を講じたハンス・ケルゼン（一八八一—一九七三）でした。ケルゼンは、デモクラシー論の名著として知られる『デモクラシーの本質と価値』（一九二九年）で、多数者と少数者が討論の過程を通じて一つの妥協に到達するのが議会の方法であり、結局、そこでなされる決定は、もはや単なる多数者の意見でも少数者の意見でもないとし、こう結論したのです。

「この原理は、むしろ多数—少数決原理と呼ぶのが、いっそう適切である。」

そして、ここで改めて玩味したいのは、石橋湛山（一八八四—一九七三）が示した含蓄に富む民主政治観と民主政治における指導者像です。石橋は、一九五六年一二月二三日に首相に就任しましたが、その二週間余り後の一九五七年一月八日におこなった全国遊説第一声で、「国会運営の正常化」「政界及び官界の綱紀の粛正」「雇用の増大」「福祉国家の建設」「世界平和の確立」を「五つの誓い」として自らの政治姿勢を明確に提示し、さらに国民に向かってこう語りかけたのでした。

「民主政治というものは非常にむずかしいものであります。民主政治は往々にして皆さんのごきげんを取る政治になる。国の将来のためにこういうことをやらなければならぬと思っても、多くの人からあまり歓迎せられないことであると、ついこれを実行することをちゅうちょする。あるいはしてはならないことをするようになる。こういうことが今日民主政治が陥りつつある弊害である。……私どもが四方八方のごきげん取りばかりしておったなら、これはほんとうに国のためにはなりませんし、ほんとうに国民の将来のためになりません。あるいはわれわれはその場合に誤るかもしれない。誤ったらどうか批判をしていただきたい。私どもは所信に向かって、ごきげん取りはしないつもりであります。」

4　操作の対象から自立した目利きの有権者へ

しかし、民主国においては、どんな政治家が政治の舞台に出てくるかは、結局は、国民次第です。前の章で、「この国民にして、この政府あり」というカーライルの警句に触れましたが、カーライルは、この句の直前でこう言っています。「長い目でみれば、どの政府もすべて、賢さの点でも愚かさの点でも、その国民の象徴そのものである。」結局、政治家が選「良」であるか、選「不良」であるかは、有権者次第であり、政治家批判は、ブーメランのように国民のところにかえってくるということでしょう。

この関連で警戒を怠ってはならないのは、政党や政治家が、有権者の支持を求めて、有権者を操作する活動を最近ますます強めていることです。この問題にいち早く目を向けたのは、アメリカの政治評論家フランク・ケント（一八七七―一九五八）でした。ケントは、一九二八年に著した『政治行動』という著作で、この問題への政治家の側の対し方について、「二つの種類の宣伝がある。よい宣伝と悪い宣伝である。しかし、悪い宣伝でも、ないよりはましである。政治では、無視されるよりなぶられた方がましだというのは、昔からの言い得て妙ともいうべき言い習わしである」と述べ、さらにバージニア州選出のクロード・スワンソン上院議員のこんな言葉を紹介しています。

「政治では、新聞に名前が出なくなったら、死んだも同然である。」

一九三〇年代以降にアメリカで急速に発達し、最近のわが国の選挙でも活動を活発化させてきた選挙産業は、このような考え方を背景にし、「企業が製品を売るのと同じやり方で、候補者と政党を有権者に売り込む」ことを「営業活動」の中心とし、候補者や政党のための選挙運動をとりしきるようになってきました。

このような事態の推移に照らして、有権者にとってますます重要になってきたのが、スーパーマーケットで商品の善し悪しを見分けるのと同じように、有権者に言い寄ってくる選挙宣伝の情報のうずの中で、政党や候補者の「真実」を見分ける能力です。甘言にまどわされてまちがった選択をしたあとでほぞをかむのは、有権者です。アメリカの政治評論家ジェームズ・レストン(一九〇九―九五)が、「選挙は、未来への賭けであって、過去の人気度をはかるテストではない」と警鐘を鳴らしたのは、このような文脈においてでした。

他方で、このような選択の重みにひるんで有権者が政治に背を向けてしまっては、デモクラシーは、衰退の道をたどるほかありません。アメリカの哲学者で、一九二九年から五一年まで二二年間にわたってシカゴ大学総長をつとめたロバート・ハッチンズ（一八九九―一九七七）は、こう警告しています。

「デモクラシーの死は、やみ討ちによる暗殺から起こることはまずない。デモクラシーの死は、無関心、しらけ、栄養不良などによって徐々に進行する消滅である。」

要するに、日本の民主政治の一つの大きな分岐点に立つ今、有権者に対してますます強く求められているのは、いたずらに操作の対象に位置づけられて、選挙のたびに右往左往するのではなくて、不断に判断力を研ぎ澄まし、政治の行方に目を凝らす政治の「目利き」への精進です。

ここでもう一度耳を傾けたいのは、J・S・ミルの次のような言葉です。

「選挙民の大多数が、自分たちの票を投じるほどに自分たちの政府に関心をもたないか、あるいは投票するにしても、公共的な根拠の上に立って選挙権を行使せず、カネで選挙権を売ったり、自分たちを牛耳っているだれかの、あるいは私的理由で自分たちがご機嫌をとり結びたいと願っている人の意のままに投票する場合には、代議制度は、ほとんど価値をなくしてしまい、専制や陰謀の単なる手段になってしまうであろう。民衆選挙がこのようにおこなわれると、それは、悪政に対する防護手段ではなくて、悪政の機構のもう一つの舵輪にすぎなくなってしまう。」

〔マ行〕

升味準之輔　101
マディソン，ジェームズ　9, 113, 147, 177
ミヘルス，ロバート　174
ミル,ジョン・スチュアート　52, 83, 97, 124, 193
陸奥宗光　162
メリアム，チャールズ・E　68, 69
モンテスキュー，シャルル・ルイ・ド・スコンダ　112

〔ヤ行〕

ユーラウ，ハインツ　12
吉田茂　126
吉野弘　7

〔ラ行〕

ラズウェル，ハロルド・D　14
ラスキ，ハロルド・J　16
ラッサール,フェルディナント　43
ラッシェフスキー，マーク・E　170
ラニイ，オースティン　12
リップマン，ウォルター　33, 41, 149, 150, 158, 189
リンカーン，エイブラハム　29, 45, 179
ルーズベルト,フランクリン・D　156
レイン，ロバート　12
レストン，ジェームズ　192
ローウェル，A・ローレンス　32, 76, 78, 80, 96
ロック，ジョン　40, 112

〔ワ行〕

ワシントン，ジョージ　75, 76

ジェファソン，トマス　158
ジャクソン，ヘンリー・H　10
シャットシュナイダー，E・E　80, 82-84, 98, 187
シュンペーター，ジョーゼフ・A　89
ジョンソン，リンドン　153
末松謙澄　92
スカラピーノ，ロバート　101
スタインベック，ジョン　85
ストローズ，ルイス　153
スミス，アダム　39
スワンソン，クロード　192
千賀鶴太郎　77
ソーラウフ，フランク・J　13
ソールズベリー，ロバート　83

〔タ行〕

ダイ，トマス・R　14
高田早苗　24, 53, 79, 119, 120
高村光太郎　184
武部勤　187
田中角栄　166, 167, 181
田中正造　162
チャーチル，ウィンストン　i
ディズレイリ，ベンジャミン　83, 110
デュベルジェ，モーリス　98-100
トクヴィル，アレクシス・ド　16, 34
トフラー，アルヴィン　38
トルーマン，デイヴィッド・B　159
トルーマン，ハリー・S　156

〔ナ行〕

中曽根康弘　158
錦織精之進　23
ノイマン，シグマンド　75

〔ハ行〕

バーカー，アーネスト　93, 95
バーク，エドマンド　76, 88, 89, 91, 92, 96, 109, 147, 185
バーチ，アンソニー・H　122, 152
ハーディン，ガレット　161
バジョット，ウォルター　106, 111, 117, 121, 123, 125, 128
パッカード，ヴァンス　38
ハッチンズ，ロバート　193
バトラー，デイヴィッド・E　188
ブッシュ，ジョージ・W　87, 156, 157
ブライス，ジェームズ　34, 37, 46, 47, 68, 78, 82, 90, 129, 130
ブライト，ジョン　112
ブルンチュリー，ヨハン・K　15
ブレア，トニー　87, 157
ベーコン，フランシス　6
ペイン，トマス　147, 148
ベントレー，アーサー・F　19
堀田善衛　3
ホッブハウス，ジョン・カム　93

人名索引

〔ア行〕

アイゼンハワー,ドワイト・D 153
アクトン, ジョン・E・E・ドールバーグ 106
芦部信喜 115
アトリー, クレメント 189
安部磯雄 163
アリストテレス 9, 47
有吉佐和子 167
イーストン, デイヴィッド 11
イーデン, アンソニー 157
石橋湛山 158, 190
伊藤博文 77, 154
井上友一 163
ウィルソン, ウッドロー 18, 87, 121,
ウィルソン, ハロルド 87, 126, 157
ウェーバー, マックス 184, 185
ウォーラス, グレイアム 18-20, 32, 125, 168
エマーソン, ラルフ・ウォールドー 40
オールデン, ジョーゼフ 22
奥田碩 187
小野塚喜平次 15, 25

〔カ行〕

カーソン, レイチェル 161
ガードナー, ジョン・W 161
ガーナー,ジェームズ・W 15, 21
カーライル, トマス 151, 191
菅直人 128
キーフ, ウィリアム・J 122
キイ, V・O 84, 172
ギャラガー, マイケル 143
キャラハン, ジェームズ 87
グッドナウ, フランク 168
クラーク, ジェームズ 186
グラッドストン, ウィリアム 83
クルーガー, ヘンリー 124
クローカー, ジョン・ウィルソン 94
グロス, バートラム・M 21
黒田清隆 77
ケリー, ジョン 87
ケルゼン, ハンス 190
ケント, フランク 44, 191, 192
小泉純一郎 128, 154
木場貞長 79

〔サ行〕

西條八十 35
サッチャー, マーガレット 157
佐藤一斎 ii
佐藤栄作 158, 164, 166
シエイエス, アベ 128

著者紹介

内田　満（うちだ みつる）

1930年東京都生まれ。1953年早稲田大学政治経済学部卒業。1969年から2000年まで同大学政治経済学部教授。この間、ウースター大学およびアーラム大学（米国）客員助教授、ドゥ・ラサール大学（フィリピン）客員教授、日本政治学会理事長、日本選挙学会理事長、衆議院議員選挙区画定審議会委員等を歴任。現在、早稲田大学名誉教授、政策研究大学院大学客員教授、㈶明るい選挙推進協会会長。

主要著作

『都市デモクラシー』中央公論社、1978年、『シルバー・デモクラシー』有斐閣、1986年、『現代アメリカ政治学』三嶺書房、1997年、『内田満政治学論集』（全3巻）早稲田大学出版部、2000年、『現代政治学小辞典（新版）』（編著）有斐閣、1999年、『現代日本政治小事典（2005年度版）』（編著）ブレーン出版、2005年。

政治学入門　　定価はカバーに表示してあります。

2006年10月21日　初　版第1刷発行　〔検印省略〕
2012年 9月30日　初　版第3刷発行

印刷・製本／中央精版印刷

東京都文京区向丘1-20-6　郵便振替00110-6-37828
〒113-0023　TEL（03）3818-5521　FAX（03）3818-5514
発行所 株式会社 東信堂

Published by TOSHINDO PUBLISHING CO., LTD.
1-20-6, Mukougaoka, Bunkyo-ku, Tokyo, 113-0023, Japan
E-mail : tk203444@fsinet.or.jp http://www.toshindo-pub.com

ISBN4-88713-697-8　C3031